Klaus Hoock

99 Tipps

Für Deutsch

Cornelsen

Klaus Hoock ist Fachleiter für Deutsch am Staatlichen Studienseminar für das Lehramt an Gymnasien Landau und unterrichtet die Fächer Deutsch, katholische Religion und Ethik am Otto-Hahn-Gymnasium in Landau.

Projektleitung: Franziska Wittwer, Berlin
Redaktion: Karolin Gerhardi, Köln
Illustration: Mone Schliephack, Niedernhausen-Oberjosbach
Grafik: Julia Walch, Bad Soden
Umschlagkonzept: Jule Kienecker, Berlin
Umschlaggestaltung: LemmeDESIGN, Berlin
Layout/technische Umsetzung: Julia Walch, Bad Soden
Die Reihenkonzeption wurde von Cornelia Colditz und Claudia Kahlenberg im Rahmen eines studentischen Wettbewerbs im Studiengang Verlagsherstellung an der HTWK Leipzig (www.verlagsherstellung.de) unter Leitung von Julia Walch, Bad Soden, entwickelt.

www.cornelsen.de

1. Auflage 2014

Druck: CPI – Clausen & Bosse, Leck

ISBN 978-3-589-16289-5

Inhalt gedruckt auf säurefreiem Papier aus nachhaltiger Forstwirtschaft.

Inhaltsverzeichnis

Immer integrieren: Differenzieren, Fördern, Üben

Zum Schluss gibt's doch noch Noten

Vorwort

Freuen Sie sich darauf, das Fach Deutsch zu unterrichten! Vielleicht befinden Sie sich noch im Studium und haben ein Schulpraktikum vor sich, vielleicht absolvieren Sie gerade das Referendariat oder stehen am Anfang Ihrer Tätigkeit als Lehrerin oder Lehrer … oder Sie unterrichten schon einige Zeit und suchen nach neuen Ideen? Lassen Sie sich von den Tipps anregen, erproben Sie Neues oder verändern Sie das Gewohnte.
Wie organisiert man die Besprechung einer Lektüre? Welche Methode eignet sich zur Erschließung von Sachtexten? Wie können Schüler ihre Rechtschreibfehler sinnvoll verbessern? Welche Übungen zur Lesefertigkeit sind zu empfehlen? Wie lässt sich das Korrigieren effizient und für die Schüler dennoch aussagekräftig gestalten? Fragen über Fragen … Viele Antworten finden Sie in diesem Praxisratgeber.

Kennen Sie die Musikgruppe „Element Of Crime" aus Berlin? In ihrem Song „Alle vier Minuten" aus dem Album „Romantik" (2001) heißt es: „Ohne Klarheit in der Sprache ist der Mensch nur ein Gartenzwerg." Nun muss man die Poetik der Texte Sven Regeners kennen, um solch einen Satz einzuordnen. Es geht hier um den Nahverkehr in Berlin und wie man ihn korrekt bezeichnet: Darf man von U-Bahn sprechen, wenn sie nicht „unter Tage" fährt? Wie auch immer: Das Nachdenken über Sprache und ihre Verwendung steht im Zentrum des Deutschunterrichts. Das ist eine außerordentlich spannende und anspruchsvolle Herausforderung für Sie als Lehrer. Gleichzeitig werden Sie merken, wie ertragreich und lustig die Arbeit mit Schülern sein kann, wenn Sie die Möglichkeiten der deutschen Sprache immer wieder auszuschöpfen versuchen.
In engem Zusammenhang damit steht natürlich die Arbeit mit Texten, meist in geschriebener Darbietung. Darum liegt hier auch der Schwerpunkt dieser „99 Tipps". Sie sind so angelegt, dass in manchen Tipps grundsätzliche Herange-

hensweisen dargestellt werden, andere Tipps dagegen sehr spezielle Methoden beinhalten, sodass Sie insgesamt eine kontextbezogene Einführung erhalten. Dabei können Sie sich „wild“ zwischen den Tipps hin und her bewegen.

Die Aufteilung der Tipps in thematische Einheiten unternimmt den schwierigen Versuch, die Vielfalt des Faches zu repräsentieren. So stellt die Gliederung eine Synthese aus den Kompetenzbereichen der Bildungsstandards und den unterschiedlichen Textgattungen dar. Dem literarischen Bereich kommt der Schwerpunkt zu. Umgang mit anderen Medien, Möglichkeiten des Differenzierens und Bewertens schließen sich an. Methodische Vorschläge werden ständig integriert.

Im ersten Abschnitt (Tipp 1–6) geht es um einige grundsätzliche Empfehlungen bzw. Erfahrungen, die recht unumstritten zu sein scheinen, aber in der Praxis nicht konsequent umgesetzt werden.

Anschließend finden Sie Hinweise zu den Basiskompetenzen Lesen (Tipp 7–12) und Rechtschreiben (Tipp 13–19).

Der Bereich Sprachreflexion erhält viel Raum (Tipp 20–29), weil hier unterschiedliche Arbeitsfelder gebündelt werden.

In der Folge wird der Umgang mit Texten (Tipp 30–40) als wichtige Arbeitsgrundlage sowohl für die Schreibdidaktik (Tipp 41–47) wie auch für die Interpretation literarischer Texte beleuchtet: Lyrik (Tipp 48–56), Epik (Tipp 57–65), Drama (Tipp 66–72). Die gattungsspezifischen Herangehensweisen im Unterricht erfordern diese Aufteilung. Das gilt auch für den häufig vernachlässigten Bereich der Sachtextanalyse (Tipp 73–75).

Die Hinweise zu den außertextlichen Medien (Tipp 76–82) werden durch einen Exkursionsvorschlag abgeschlossen (Tipp 83): Fahren Sie nach Weimar! „Notfalls“ auch mal ohne Schüler …

Den vorletzten Abschnitt zur Differenzierung und Förderung (Tipp 84–89) können Sie als Ergänzung zu den basalen Kompetenzen lesen. Hier wird noch einmal explizit Wert gelegt auf weitere, praktische Ideen zum Üben. Schließlich finden Sie im letzten Abschnitt (Tipp 90–99) vorwiegend Hilfen zur Korrektur von Schülerarbeiten anhand konkreter Bewertungsraster.

Eines ist jetzt schon klar: Jede Leserin und jeder Leser wird am Ende dennoch etwas vermissen oder einen 100. Tipp anfügen können. Diese Vorstellung ist angesichts der Vielfalt des Faches Deutsch sogar beruhigend. Also: Viel Freude beim Stöbern, Weiterdenken und Ausprobieren!

Klaus Hoock

PS: Aus Gründen der besseren Lesbarkeit wird in diesem Buch durchgehend die männliche grammatische Form verwendet. Natürlich sind damit auch immer Frauen und Mädchen gemeint, also Lehrerinnen, Schülerinnen usw.

10 Top-Tipps ... Die Lieblingstipps des Autors!

Sie können aus dem Vollen schöpfen! Das Fach Deutsch ermöglicht eine abwechslungsreiche Unterrichtsplanung. Dabei ist einerseits eine Variabilität in der thematischen Abfolge der Unterrichtseinheiten wichtig, andererseits auch eine geschickte Verzahnung der unterschiedlichen Lernbereiche (Tipp 2) innerhalb einzelner Einheiten. Unter Berücksichtigung der national gültigen Bildungsstandards und Ihrer länderspezifischen Lehr- bzw. Bildungspläne sollten Sie eine grobe Jahresplanung vornehmen.

Variabilität und Verzahnung

› Tipp 2

Was ist dabei wichtig?

- Achten Sie darauf, dass sich schwerpunktmäßig literarisch orientierte und sprachlich ausgerichtete Einheiten abwechseln.
- Bedenken Sie bei Ihrer Planung, worüber Sie eine Arbeit schreiben wollen oder müssen.
- Koordinieren Sie sich wegen etwaiger Parallelarbeiten rechtzeitig mit Ihren Kollegen (Tipp 6).
- Beginnen Sie in einer neuen Lerngruppe am besten mit kurzen erzählenden Texten (Tipp 57). So kommen Sie rasch ins Gespräch mit Ihren Schülern und können sie besser kennenlernen.
- Denken Sie daran, wichtige Inhalte und Kompetenzen im Laufe des Schuljahres wieder aufzugreifen (kumulatives Lernen). Das ist im Sinne der Bildungsstandards besonders wichtig.

› Tipp 6

› Tipp 57

Gönnen Sie sich und Ihren Schülern – unabhängig von der Jahresplanung – im Laufe des Schuljahres immer wieder interessante Einzelstunden, die sich aus verschiedenen Anlässen ergeben (aktuelle Ereignisse, gesellschaftliche Diskussion, besonderer Film).

Gleich mal ausprobieren

- Legen Sie sich für jede Klasse einen Übersichtskalender zurecht; häufig finden Sie solche Planungshilfen auch in entsprechenden Lehrerkalendern.

- Markieren Sie zunächst alle Ferienzeiten und freuen Sie sich über diese Perspektiven.
- Je nach Länge des Zeitraums zwischen den Ferien können Sie zwei bis drei Unterrichtseinheiten unterbringen. Tragen Sie diese ein.
- Notieren Sie sich bereits jetzt die passenden Kapitel des Lehrbuchs und des Arbeitsheftes dazu (Tipp 4).
- Lassen Sie kleine Zeiträume frei (Puffer), damit Sie etwaige Ausfälle kompensieren und auf Schülerbedürfnisse eingehen können.
- Denken Sie rechtzeitig an Ganzschriften und die erforderlichen Lesezeiträume für die Schüler.

› Tipp 4

Achtung!

Ein Schuljahr ist kein Kalenderjahr. Man sieht es nicht nur am unterschiedlichen „Jahresbeginn“, sondern auch an der tatsächlich zur Verfügung stehenden Arbeitszeit. Etwa ein Viertel des Jahres entfällt auf die Ferien und auch in der Unterrichtszeit kommt es immer mal zu Ausfällen. Planen Sie deshalb keine zu langen Einheiten und achten Sie, wann immer möglich, auf eine Kombination verschiedener Lernbereiche (Tipp 2).

› Tipp 2

2 Lernbereiche kombinieren

Verknüpfungsmöglichkeiten erwachsen aus Lerngegenständen

Trauen Sie sich, scheinbar Verschiedenartiges miteinander zu verbinden! Um den Schülern einen möglichst effektiven Unterricht anbieten zu können, ist es notwendig, Lernbereiche bzw. thematische Felder zu verknüpfen und somit „mehrere Fliegen mit einer Klappe zu schlagen“. Das gelingt gerade im Deutschunterricht besonders gut, weil solche Verknüpfungen aus den Lerngegenständen heraus erwachsen. Wenn Sie diese Arbeitsweise jedoch zum bewussten Gestaltungsprinzip erheben, lässt sich der Effekt noch steigern. So können Sie beispielsweise beim Diktieren (Tipp 15) auf

› Tipp 15

Texte zurückgreifen, die nicht nur ein bestimmtes Rechtschreibphänomen betreffen, sondern gleichzeitig auch die Arbeitsweise eines Journalisten umreißen.

Mögliche Verbindung von Lernbereichen/Themen (Beispiele)

thematische Aspekte, Textsorten	sprachliche Phänomene
Beschreibungen, Anleitungen	Passiv, Aktiv; Konjunktionalsätze
Rhetorik, Redeanalyse, Werbung, manipulative Texte	sprachliche Strategien wie Euphemismus, Hyperbel, Ironie, Litotes
Interview, Diskussion („Jugend debattiert“), mündliches wie schriftliches Argumentieren und Erörtern zu verschiedensten Fragestellungen	Fragestrategien, Fragetypen, Verbstellung, Belegen, Zitieren
Berufsorientierung, Vor- und Nachbereitung von Berufspraktika	Fachwortschatz, Lehnwörter, Fremdwörter, Wortbildung, Wortbedeutung, Etymologie
Thema „Natur“ im Kontext von Lyrik	sinnliche Aspekte von Sprache/Synästhesien, Bildhaftigkeit, Analyse und Produktionsorientierung, eigene Schreibversuche

3 Schnittmengen suchen

Deutsch als Hauptfach

Das Fach Deutsch wird traditionell und auch aktuell wieder verstärkt als Hauptfach mit einem breiten Wirkungsgrad angesehen, weil über die Nutzung und Reflexion der Muttersprache ein rascher inhaltlicher Zugriff und ohne große Sprachbarriere auch ein Meinungsaustausch über Fragen möglich ist. Hierin liegt auch der Unterschied zum Fremdsprachenunterricht, der sich primär mit dem Erwerb einer Basisverständigung beschäftigt.

Weitreichende Bezugsmöglichkeiten

Das Fach Deutsch bietet somit die Chance, eine Menge interessanter Aspekte zu streifen und aufzugreifen. Bestimmt haben Sie schon eine brisante gesellschaftliche Thematik als Erörterungsthema (Tipp 29) gestellt, sind mit einer Klasse ins Kino gegangen, um eine Literaturverfilmung anzuschauen und auszuwerten (Tipp 77, 78), haben Glossen oder Kommentare schreiben lassen, die so in Ihrer regionalen Tageszeitung hätten erscheinen können – oder sogar erschienen sind? Vielleicht waren Sie auch schon mit Schülern in Weimar (Tipp 83)?

› Tipp 29
› Tipp 77, 78
› Tipp 83

Schnittmengen mit anderen Bereichen

Zahlreiche Künstler sind nicht nur als Schriftsteller, sondern auch als Musiker oder Zeichner tätig gewesen: Denken Sie an E.T.A. Hoffmann, Günter Grass oder Käthe Kollwitz. Besonders zur Zeit der Jahrhundertwende und des Expressionismus sind Kunst und Literatur nicht getrennt denkbar –

auch nicht im Unterricht. Ebenso sind historische Aspekte wie auch ethisch-philosophische Denkweisen immer wieder Verständnisgrundlage, die mit behandelt werden müssen. Aber auch die pragmatische Ausrichtung von Textproduktionen für eine Nutzung in unterschiedlichsten Bereichen (Kochrezepte, technische Funktionsbeschreibungen, Rezensionen) macht deutlich, dass das Fach Deutsch Schnittmengen mit vielen anderen Gebieten aufweist. Nutzen Sie diese Chance für einen vielseitigen Unterricht und wählen Sie unterschiedlichste Stoffe aus. Wenn Sie sich für die Inhalte Ihres Unterrichts begeistern, wirkt das ansteckend! Gleichzeitig lernen die Schüler in Ihrem Unterricht, komplexer und kreativer zu denken. Arbeiten Sie vorrangig mit Texten, verzichten Sie aber auch ab und an darauf (Tipp 40).

Schnittmengen nutzen

› Tipp 40

SOS-Tipp

Dem Fach Deutsch werden immer mehr Aufgaben zugeteilt: So wird der Bereich der Medienerziehung oder die formale Schulung beim wissenschaftspropädeutischen Arbeiten (Recherchieren, Zitieren, Belegen, Literaturangaben auflisten) vielfach vom Deutschlehrer erwartet, ebenso die grundsätzliche Ausbildung der Schüler beim Referieren und Präsentieren. Hier darf man durchaus auch einmal abwinken und die anderen Fächer auf die gemeinsame Verantwortung hinweisen. Nutzen Sie dafür die Dienstbesprechungen und Konferenzen.

4 Leitmedien optimal nutzen

Die gekauften oder geliehenen Unterrichtsmaterialien, meist ein Lehrbuch und ein Arbeitsheft, können als „Leitmedien" des Unterrichts betrachtet werden. Gegenüber vielen anderen Fächern, besonders den Fremdsprachen, soll das Deutschbuch jedoch nicht komplett und auch nicht

Lehrbuch flexibel einsetzen

› Tipp 1, 2

systematisch von Anfang bis Ende durchgearbeitet, sondern bedarfsgerecht eingesetzt werden. Wechseln Sie zwischen den Lernbereichen ab (Tipp 1, 2).

Um die Ecke gedacht

Für die Schüler stellt das Deutschbuch, oft mehr als die Lehrwerke anderer Fächer, eine Gelegenheit zum privaten Weiterlesen dar. Wenn Sie also nicht alle Kapitel und Texte behandeln können, bedeutet es nicht unbedingt, dass diese völlig „ungenutzt" bleiben.

Deutschbücher sind integrierte Lehrwerke

› Tipp 76, 77, 79, 80
› Tipp 72

Die meisten Deutschbücher stellen integrierte Lehrwerke dar; man unterscheidet kaum noch zwischen Lesebüchern und Sprachbüchern, sondern findet Vernetzungen vor. Weitere Medien (Tipp 76, 77, 79, 80) bzw. Vorhaben des Unterrichts, beispielsweise Dramenlektüren (Tipp 72), lassen sich mit dem Lehrbuch verbinden. Wenn Sie beispielsweise Dürrenmatts „Besuch der alten Dame" als Ganzschrift behandeln, finden Sie wahrscheinlich im Lehrbuch einen Auszug aus seiner Abhandlung „Theaterprobleme", mit dessen Hilfe Sie den Schülern Dürrenmatts Sicht einer grotesken Wirklichkeit deutlich machen können. Zudem enthält das Lehrwerk vielleicht auch Passagen aus „Romulus der Große" desselben Autors, die sich jetzt sinnvoll einordnen lassen.
Die angeschafften Lehrbücher sowie die Arbeitshefte sollten Sie nutzen und dafür auf zu viele Extrakopien verzichten. Motto: Weniger (Papier) kann hier mehr sein! Damit erleichtern Sie den Schülern die Übersicht über ihre Schulmaterialien und deren Ablage.

Gleich mal ausprobieren

Die passend zu den Lehrbüchern gestalteten Arbeitshefte bieten Ihnen zahlreiche Anwendungsaufgaben.

- Integrieren Sie in möglichst viele Ihrer Stunden eine Übung aus dem Arbeitsheft.
- Nutzen Sie die Arbeitshefte für Hausaufgaben. Diese Hausaufgaben werden erfahrungsgemäß recht gerne erledigt.

- Wenn Sie demnächst wegen einer Fortbildung außer Haus sind, stellen Sie rechtzeitig Arbeitsaufträge mithilfe des Arbeitsheftes. Wählen Sie dabei auch Übungen zu bereits länger zurückliegenden Unterrichtseinheiten, um eine Reaktivierung und Festigung des Stoffes zu gewährleisten.
- Entscheiden Sie, wie Sie mit den meist heraustrennbaren Lösungsseiten umgehen möchten: Einsammeln? Zur gezielten Selbstkontrolle herausgeben?

Begleitmedien nutzen

Die zahlreichen Begleitmedien, die von den Verlagen angeboten werden, bieten Ihnen hilfreiches Zusatzmaterial und Klassenarbeitsvorschläge. Häufig können Sie die Aufgaben und Texte sogar als veränderbare Dateien nutzen und für Ihre Zwecke weiterentwickeln, etwa für den differenzierenden Unterricht (Tipp 84–88). Zunehmend finden Sie auch Materialien für die Nutzung des Smartboards (Tipp 79).

› Tipp 84–88
› Tipp 79

Achtung!

Machen Sie sich selbst mit dem Aufbau des bei Ihnen eingeführten Lehrwerkes vertraut und erarbeiten Sie diesen auch mit Ihren Schülern. Häufig befinden sich am Ende der einzelnen Kapitel und des Buches hilfreiche Übersichtsseiten zu einzelnen Epochen, Aufsatzarten oder Grammatikschwerpunkten.

5 Lektüren privat erwerben lassen

Sie planen in Ihrer 8. Klasse die Behandlung des Jugendbuchs „Wie Licht schmeckt" von Friedrich Ani und bitten die Schüler, den Roman zu kaufen. Am Nachmittag erhalten Sie den Anruf einer empörten Mutter: „Warum sollen wir denn noch Lektüren kaufen? Das Lehrbuch war doch schon teuer genug!" Was entgegnen Sie? Natürlich sollten Sie sich situativ passend auf die Gesprächspartnerin einstellen; folgende Gedanken können Sie dabei leiten:

„Gute Gründe" für den privaten Erwerb der Lektüre

- Eine Ganzschrift stellt eine besondere Herausforderung dar, weil ein längerer Text lesend bewältigt werden muss. Gekürzte Lehrbuchtexte fordern diese Mühe nicht ab – und bieten umgekehrt dieses Lesevergnügen nicht.
- Für den Leseprozess zu Hause und die Besprechung im Unterricht braucht jeder seine eigene Textausgabe.
- Es ist notwendig, Markierungen und Querverweise im Text anzubringen. Das muss in der eigenen Ausgabe erfolgen, damit sich die Schüler auch in der Klassenarbeit darin orientieren können und Belegstellen wiederfinden.
- Die Anschaffung einer Lektüre führt immer wieder einmal in eine Buchhandlung und damit zu Büchern! Das könnte auch den Eltern ein Anliegen sein.
- Die Schüler gewinnen hoffentlich Freude an der Entstehung einer eigenen kleinen Bibliothek in ihrem Zimmer.
- Fast immer ist eine kostengünstige Taschenbuchausgabe verfügbar.
- Schülern gegenüber lässt sich da oft leichter argumentieren: Die Lektüre kostet meist weniger als ein Menü in einem Fast-Food-Restaurant, das man in wenigen Minuten verschlingt.

SOS-Tipp

Sorgen Sie dafür, dass in der Schulbibliothek immer ein bis zwei Exemplare des betreffenden Jugendbuchs verfügbar sind, sodass letztlich niemand zum Kauf „gezwungen" werden muss.

6 Mit Kollegen kooperieren

In den letzten Jahren hat sich viel getan! Nach der Einführung der nationalen Bildungsstandards im Jahr 2003 (Sekundarstufe I) und 2012 (Sekundarstufe II) sollten die Fachkollegien der Schulen Arbeitspläne erstellen, mit deren Hilfe sie die Umsetzung dieser Standards für ihre Fächer gewährleisten wollen. Immer häufiger kommt es seitdem zu schulinternen Parallelarbeiten, die auch eine verstärkte Kooperation zur Folge haben (Tipp 6). In der Praxis sieht das so aus: Die Fachlehrer eines Jahrgangs, also beispielsweise die Deutschlehrer der Klassen 7a, 7b, 7c und 7d, planen nicht nur Inhalt und Zeitpunkt einer gemeinsamen Klassenarbeit, sondern auch die vorbereitende Unterrichtseinheit dazu. Wenn sich die vier Kollegen gut verstehen und ihnen die Zusammenarbeit Freude macht, vereinbaren sie wahrscheinlich auch eine weitere, freiwillige Parallelarbeit oder planen sogar das ganze Schuljahr in groben Zügen durch. Dass es da für jeden von ihnen noch pädagogische Freiheiten und thematische Spielräume geben sollte, steht außer Frage. Aber die gemeinsame Arbeit gibt allen Beteiligten Sicherheit und bringt Entlastung mit sich. Der Lehrer verliert seinen Status als Einzelkämpfer und kann sich im Konfliktfall auch auf die getroffenen Absprachen berufen.

Parallelarbeiten schreiben

› Tipp 6

Gemeinsame Planung bereichert und entlastet

Um die Ecke gedacht

Eine einmal begonnene Zusammenarbeit weitet sich schnell aus und bringt eine vielfältige gegenseitige Unterstützung hervor, zum Beispiel durch den Austausch von erprobten Unterrichtsmaterialien. Das kann auch von der Klasse als positives Signal wahrgenommen werden: Die Schüler bemerken die Kooperation und spüren, dass da ein durchdachtes gemeinsames Konzept hinter dem Unterricht steht.

Achtung!

Eines sollten Sie allerdings nicht unterschätzen: Die Nutzung des Materials von Kollegen erfordert immer, dass man sich selbst in die Planung hineinfindet und diese gründlich durchdenkt. Sonst ist das Unterrichten mit dem Fremdmaterial schwierig und kann eventuell zu Unsicherheiten in der Unterrichtssituation führen.

7 Zum Lesen motivieren

„Lesen? Klar, kein Problem. Mach ich doch. Kann ich schon." Die Bandbreite dessen, was sich hinter dieser Aussage verbirgt, ist erstaunlich groß. Der eine ist damit zufrieden, wenn er knappe E-Mails lesen (und schreiben) kann, der andere liest pro Woche drei Romane.

Lesebiografie

In der Leseforschung (Rosebrock 2011) wird von der „Lesebiografie" des Menschen gesprochen, die besonders in Bezug auf das Kinder- und Jugendalter einem sehr häufig beobachtbaren Muster folgt:

- **Vorschulalter:** in hohem Maße abhängig von dem kommunikativen Klima in der Familie und dem sozialen Umfeld (Zuhören, Textsortenkenntnisse; Erzählfähigkeit; Motivation, sich einer Geschichte anzuvertrauen: imaginäre Wirklichkeitsüberschreitung)
- **Schulbeginn:** Krise der Lesesozialisation (relativ weit entwickelte Verstehens- und Genussfähigkeit trifft auf unzureichende technische Fähigkeit im Lesen und Schreiben; Problem des Selbstlesens)
- **Späte Kindheit:** Viellesephase; hoher Stellenwert des Bücherlesens in der Freizeit bei Kindern aus bildungsnahen Familien (Unterhaltungsliteratur)
- **Literarische Pubertät:** etwa ab zwölf Jahren nehmen Lesefreude, Lesebereitschaft und tatsächliches Lesen kontinuierlich ab, weiterer Rückgang zwischen vierzehn und sechzehn Jahren; Kinder- und Jugendliteratur mit ihren speziellen Zuschnitten wird fragwürdig; Wiederaufnahme regelmäßigen Lesens im Erwachsenenalter fraglich (eher selten)
- **Neuanfang der Lesebiografie:** Ablösung der Familie durch Gruppe von Gleichaltrigen (und Deutschlehrer? – manchmal) mit zum Teil neuen Lesehaltungen (intimes Lesen, Konzeptlesen, belletristisches Lesen, Lesen als Mittel der Partizipation, ästhetische Motivation)

Rolle des Deutschunterrichts

Welche Rolle kommt in dieser Lesebiografie der Schule bzw. dem Deutschunterricht ab der 5. Klasse zu? Leider gibt es nur begrenzte Einflussmöglichkeiten. Diese sollten allerdings genutzt und gestaltet werden. Dazu gehört eine Leseförderung auf zwei Ebenen: Lesemotivation und Lesetechnik (Tipp 10–12, 85).

› Tipp 10–12, 85

Lehrer als Partner für literarische Kommunikation

Nutzen und gestalten Sie bei der Frage der Lesemotivation Ihre Rolle. Verstehen Sie sich als Partner für eine literarische Kommunikation bzw. Anschlusskommunikation. Ermöglichen Sie immer wieder das Gespräch über Gelesenes. Stellen Sie dialogische Situationen her, damit sich in Ihren Lerngruppen differenzierte Haltungen auch aus der Literatur heraus entwickeln können. Fördern Sie die Schaffung von „Übergangsräumen" zwischen individuellen Leseerfahrungen und in der Gruppe entwickelten und geteilten Deutungen.

Gleich mal ausprobieren

Es existiert beinahe schon ein Überangebot an lesemotivierenden Aktionen und Wettbewerben. Informieren Sie sich darüber, was es an Ihrer Schule dazu schon gibt (Lesewettbewerb, Tipp 12; Lesenacht in der Bibliothek, Lesepatenschaften, Lesescouts, Leseförderung am Laptop) und welche Fördermöglichkeiten in Ihrer Region angeboten werden (z.B. Zeitung für die Schule, Aktionen Ihres Bildungsministeriums). Attraktive Angebote und Materialien finden Sie immer auch in den Publikationen und der Internetpräsenz der „Stiftung Lesen" (*www.stiftunglesen.de*).

› Tipp 12

Um die Ecke gedacht

Zahlreiche Literaturwettbewerbe wandern im Schulalltag aus den Lehrerfächern direkt in den Papiermüll. Dadurch ist die Teilnehmerzahl an einzelnen Wettbewerben oft niedrig und die Gewinnchance entsprechend gut. Nutzen Sie den Reiz, den die Aussicht auf einen Gewinn ausmacht, um die Lesemotivation der Schüler anzukurbeln!

8 „Lesestoff" auswählen und vorstellen

Lesen ist ein individueller Prozess

Lesen ist zunächst ein individueller Prozess. Daher sollten Sie variabel arbeiten und Lesen immer auch als Angebot verstehen. Nicht alles, was im Kontext Ihres Unterrichts gelesen wird, muss ausführlich besprochen werden. Die Schüler müssen zudem nicht immer alle das gleiche Buch lesen.

Bücher vorstellen lassen

Schaffen Sie anregende Situationen mit Auswahlcharakter. Buchvorstellungen sind eine gute Möglichkeit dafür. Jeder Schüler sollte im Laufe eines Schuljahres bzw. eines Doppeljahrgangs (5/6, 7/8, 9/10, 11 bis 12/13) der Lerngruppe mindestens ein Werk vorstellen. Dazu ist es sinnvoll, dass Sie eine stufenangemessene Auswahlliste zur Verfügung stellen, aber gleichzeitig schülereigene Vorschläge zulassen, wenn Sie diese für lohnenswert halten. Achten Sie bei den Buchvorstellungen darauf, dass …

- der Inhalt nicht zu ausführlich wiedergegeben wird, damit für die Mitschüler ein Leseanreiz geschaffen wird bzw. erhalten bleibt;
- die sprachlichen Besonderheiten des jeweiligen Buches angesprochen werden;
- die erzähltechnischen Kategorien (Figurendarstellung, Perspektive, Haltung, Raum, Zeit; Tipp 59, 60, 62, 63) in die Buchvorstellung integriert werden, soweit sie schon behandelt wurden;
- eine persönliche Bewertung durch den Schüler erfolgt;
- eine aussagekräftige Textstelle vorgelesen wird.

› Tipp 59, 60, 62, 63

Lektürenauswahl steuern

Die Auswahl einer gemeinsamen Lektüre sollten Sie selbst vornehmen oder zumindest steuern. Manchmal müssen Sie hierbei auch Absprachen der Fachkonferenzen oder Vorgaben im Hinblick auf Abschlussprüfungen berücksichtigen. Seien Sie offen für Schülervorschläge und prüfen Sie diese. Manchmal erweisen sich die Ideen als durchaus geeignet für die Lerngruppe; häufig handelt es sich bei den Vorschlägen jedoch um Romane, die den Schülern zwar gefallen, für eine gemeinsame Besprechung im Unterricht aber zu wenig hergeben. Um Enttäuschungen bei den Schülern zu vermeiden, sollten Sie von vornherein klarstellen, dass und warum nicht jeder Schülervorschlag umsetzbar ist. Vielleicht können Sie sich mit Ihrer Klasse auf den Kompromiss einigen, dass Sie drei geeignete Texte vorschlagen, aus denen die Schüler einen auswählen dürfen.

9 Lesekompetenz fördern

Lesen ... Begriffsklärungen

Spricht man über das Lesen, sollte man sich bewusst machen, was man meint:

- **Lesemotivation** (Tipp 7) wird als Anregung zum Lesen verstanden; gleichzeitig steht der Begriff aber auch für ein ganzes Bündel an Wettbewerben und Maßnahmen rund ums Thema Lesen.
- **Lesefertigkeit** bezieht sich auf die technische Fähigkeit des Lesens und Vorlesens.
- **Lesekompetenz** – im Sinne von PISA – meint Textverständnis.
- **Leseförderung** kann als Maßnahme gelten, Lesemotivation, Lesefertigkeit und Lesekompetenz zu stärken, steht nach Veröffentlichung der ersten PISA-Studie jedoch besonders für die Schulung der Lesekompetenz.

› Tipp 7

PISA-Studie

Im Rahmen der ersten PISA-Studie wurden den Schülern zwei Arten von „Texten“ vorgelegt: fortlaufende Texte (Kurzgeschichten, Kommentare, ausformulierte Prosatexte aller Art) sowie diskontinuierliche Texte (Fahrpläne, Formulare, Grafiken, Karten, Anweisungen etc.; Tipp 73).

› Tipp 73

Achtung!

Nur zwölf Prozent aller Texte der ersten PISA-Erhebung waren literarischer Natur. Hier zeigt sich deutlich, dass die Ausbildung der Lesekompetenz nicht allein die Aufgabe der Deutschlehrer ist, sondern in der Verantwortung der Kollegen aller Schulfächer steht.

„Enge" Aufgabenformate

Um die Lesekompetenz zu trainieren, lassen sich folgende „enge" Aufgabenformate einsetzen, wie sie auch in unterschiedlichen Vergleichstests Anwendung finden:

- Richtig-Falsch-Testaufgaben (*True/False Items*): relativ leicht zu erstellen; einfach auszuwerten; wenig geeignet, um komplexe Verständnisleistungen zu erfassen; hohe Ratewahrscheinlichkeit
- Zuordnungstestaufgaben (*Matching*): ähnlich einsetzbar wie die Richtig-Falsch-Aufgaben; Ratewahrscheinlichkeit ist allerdings deutlich niedriger
- Multiple-Choice-Testaufgaben: relativ aufwendig zu erstellen, Auswertung ist jedoch einfach; können sowohl zum Abfragen von einfachem Wissen als auch zum Messen komplexer Zusammenhänge eingesetzt werden
- Lückentest (*Fill-in Items*): ähnlich einsetzbar wie MC-Aufgaben, aber einfacher zu erstellen; durch Gestaltung und (Nicht-)Vorgabe von Lösungsmöglichkeiten kann der Anforderungsgrad beeinflusst werden
- Kurzantwort-Testaufgaben (*Short Answer*): Aufgabenkonstruktion vergleichsweise einfach; Auswertungsaufwand relativ hoch; erlauben die Erhebung eher komplexer Anforderungen

Diese Formate sind bereits in die Lehrwerke eingegangen. Zudem bieten die Schulbuchverlage Arbeitshefte mit entsprechenden Aufgaben an, die Sie auch zur zusätzlichen Förderung der Lesekompetenz einsetzen können.

Lesestile üben

10

› Tipp 7, 8

Wenn Sie mit Schülern über deren Lesegewohnheiten ins Gespräch kommen (Tipp 7, 8), ist es nützlich, zwei ganz schlichte Hinweise zu geben:

- Zeit: Zum Lesen braucht man Zeit. Je mehr, desto besser – aber es lohnt sich auch schon, wenn es nur zehn Minuten sind.

- Licht: Es sollte hell genug sein, damit sich die Lektüre nicht unnötig mühsam gestaltet. Am Abend ist eine Lichtquelle zu bevorzugen, die nicht den ganzen Raum erhellt, sondern nur das Buch.

Verschiedene Lesestile vermitteln

Man unterscheidet verschiedene Lesestile und meint damit das Leseverhalten, um ein bestimmtes Ziel zu erreichen. Lesetechniken beziehen sich auf das lesebegleitende Tun wie Markieren oder Notieren. Es ist wichtig, dass Sie als Lehrer diese Stile konkret vermitteln und Unterrichtssituationen schaffen, in denen sie geübt werden können. Achten Sie darauf, dass Sie Leseaufträge stets zielgerichtet und präzise formulieren. Wenn Sie den allgemeinen Auftrag stellen: „Lest bitte den Text!" werden vermutlich manche Schüler rasch „fertig" sein, während andere viel länger brauchen. Das liegt vielleicht daran, dass unbewusst die folgenden – unterschiedlichen – Lesestile praktiziert werden:

Leseaufträge präzise formulieren

- Analytisches Lesen: Hierbei wird der Text von Anfang bis Ende komplett und gründlich gelesen. Das Lesetempo lässt ein intensives Verstehen zu. Schwierige Textteile können mehrfach gelesen werden. Gleichzeitig findet ein gedanklicher Nachvollzug des inneren Zusammenhangs statt. Es werden Schlussfolgerungen gezogen und Schreibabsichten zu erkennen versucht.
- Detailliertes Lesen: Der ganze Text oder Textpassagen werden gründlich gelesen, auch das „Kleingedruckte", mit dem Ziel, nichts zu übersehen, was wichtig sein könnte.
- Punktuelles Lesen: Der Text wird nicht komplett gelesen. Auf den ersten Blick wichtige Passagen werden herausgepickt. Anschließend werden weitere Textteile angelesen und in Beziehung zueinander gesetzt. Das ist ein gedanklicher Konstruktionsprozess, der meist auf Vorkenntnissen basiert.
- Diagonales Lesen: Die Textlektüre beruht hier ebenfalls auf einer Auswahl: Wichtig sind der erste Satz jedes Absatzes, hervorgehobene Stellen (Überschrift, Teilüberschriften, Fettdruck, Kursivdruck), Aufzählungen, Fach-

wörter, Bilanzen. Der Text wird dadurch recht flott erschlossen, möglicherweise aber auf Kosten interessanter Textdetails und eventuell des Textverständnisses.

- **Kursorisches Lesen**: Man rezipiert zunächst Titelblatt, Inhaltsverzeichnis, gegebenenfalls Vor- und Nachwort, um zu einer ersten Einschätzung zu kommen und den Nutzen des Buches für die eigenen Zwecke zu beurteilen.
- **Scannen**: Das Scannen wird im Alltag häufig genutzt, um große Textmengen, meist mehrere Texte, zu bewältigen oder kurz einzuschätzen, meist dann, wenn man noch nicht sicher weiß, ob ein bestimmter Text die gewünschten Informationen überhaupt enthält. Das „Überfliegen" oder Absuchen der Texte führt zu einer nur sehr kursorischen Lektüre, sodass zur näheren Erschließung ein weiterer Lesedurchgang erforderlich wäre. Beispielsweise werden Webseiten auf diese Art gescannt.
- **Ästhetisches Lesen**: Der Text wird zweckfrei, das heißt ohne weitere Verarbeitungsabsicht gelesen. Einziges Ziel sind Unterhaltung bzw. literarischer Genuss.

Achtung!

Vergessen Sie – mit Blick auf sich selbst – das zuletzt angeführte – zweckfreie – ästhetische Lesen nicht. Bestimmt haben Sie sich schon dabei ertappt, dass Sie alles, was Sie lesen, auf seine Verwertbarkeit für den Unterricht „abchecken". Bewahren Sie sich Ihre Lieblingstexte für den Privatgebrauch!

11 SQ3R-Methode einführen

Verfahren zur Texterschließung

Mithilfe des SQ3R-Verfahrens, einem von Francis Robinson 1946 entwickelten, bewährten Methoden-„Klassiker", können sich Ihre Schüler einen bewussten und effizienten Lesezugang verschaffen. Es besteht aus einem „Komplettpaket" in fünf Einzelschritten, die in der Abfolge eingeübt werden

sollten, bis die Schüler die Methode automatisch anwenden. Ihre Kollegen der anderen Fächer werden Ihnen dankbar sein! SQ3R ist gerade dann dankbar, wenn keine spezifische Aufgabenstellung zur Texterschließung vorliegt.
Der Name der Methode leitet sich aus den einzelnen Schritten ab:

Teilschritte der Methode

- *S = Survey:* Überblick über den Text verschaffen; Struktur erfassen; Auffälligkeiten wahrnehmen
- *Q = Question:* Fragen an den Text stellen; Ausrichtung der Fragen auf das Thema des Textes; Vorwissen, Erwartungen und Ziele berücksichtigen
- *R = Read:* erster Lesedurchgang
- *R = Recite:* Rekapitulation; Verständnissicherung; Beantwortung der gestellten Fragen
- *R = Review:* Wiederholung (Repetition) des Gelesenen bzw. der gewonnenen Informationen, eventuell mit zeitlichem Abstand noch ein weiteres Mal

Eine Variation zu dieser Methode stellt die Fünf-Gang-Lesetechnik dar (Tipp 74).

› Tipp 74

12 Vorlesewettbewerb vorbereiten

In allen Bundesländern gibt es einen institutionalisierten Vorlesewettbewerb in den 6. Klassen, bei dem zunächst ein Klassensieger, dann ein Schulsieger und schließlich ein schulübergreifender Gewinner in der Stadt ermittelt wird. Es kann dann, je nach Erfolg, weitergehen im Landkreis oder im Bundesland – bis hin zum Bundesfinale. Ausrichter des Wettbewerbs ist der Börsenverein des Deutschen Buchhandels.
Dieser Anlass lässt sich hervorragend nutzen, um das Lesen gezielt zu trainieren: Die Schüler müssen lernen, Texte auszuwählen, zu üben und vorzulesen, aber auch fremde, das heißt spontan vorgelegte Texte, gut vorzutragen. Beachten Sie dabei die Kriterien dieses Wettbewerbs:

Wettbewerbskriterien

- **Lesetechnik**: sicherer und gut verständlicher Vortrag, gestaltete Intonation, angemessenes Lesetempo
- **Textgestaltung**: Weitergabe der Stimmung an die Zuhörer, ausdrucksstarker Vortrag ohne Übertreibung
- **Textverständnis** (nur bezogen auf den selbst gewählten Text): geschickte Textauswahl im Hinblick auf die Zuhörer (verstehbarer Kontext), Lesezeit: drei Minuten

Weitere Informationen hierzu finden Sie unter: *www.vorlesewettbewerb.de*

Achtung!

Vergessen Sie bei der Vorbereitung des schulinternen, klassenübergreifenden Lesewettbewerbs nicht die organisatorischen Dinge:

- Wo kann der Wettbewerb stattfinden? Sie benötigen einen großen Raum für die Schüler des ganzen Jahrgangs, falls in diesem Rahmen gelesen wird.
- Wer sitzt in der Jury? Hier können Sie auch Elternvertreter, Oberstufenschüler und Klassenpaten ansprechen.
- Was gibt es zu gewinnen? Bestellen Sie rechtzeitig Preise und Urkunden.

13 Rechtschreibdefizite diagnostizieren

› Tipp 85, 87, 88

Schüler, die Probleme beim Lesen und Rechtschreiben haben (= LRS, Lese-Rechtschreib-Schwäche), müssen besonders gefördert werden (Tipp 85, 87, 88). Das gilt unabhängig von der Tatsache, ob eine diagnostizierte Störung („Erkrankung") vorliegt. Die Bundesländer verzichten in ihren Verwaltungsvorschriften daher mittlerweile auf den Begriff „Legasthenie" und sprechen stattdessen von „besonderen Schwächen", die in jedem Fall einer Förderung bedürfen. Wenn Sie in der 5. Klasse Schüler von der Grundschule übernehmen, ist meist schon bekannt, ob bei einzelnen Kindern spezielle Defizite vorliegen. Die Eltern geben das bei der Anmeldung an. Sie können sich dann mit Ihren Kollegen (aller Fächer!) darauf einstellen und etwaige Rücksichtnahmen (je nach geltender Vorschrift) beschließen. Sollten Sie den Verdacht haben, dass bei einem Kind trotz schwerer Defizite noch keine ärztliche Begutachtung erfolgt ist, sollten Sie sich diesbezüglich mit dessen Eltern in Verbindung setzen. Erster Ansprechpartner für die Eltern ist der Haus- oder Kinderarzt, der an einen Kinderpsychologen überweist. Eine fundierte Diagnose ist wichtig, um gegebenenfalls auch eine über die schulische Arbeit hinausgehende Unterstützung bzw. Förderung in die Wege leiten zu können.

SOS-Tipp

Auch der schulpsychologische Dienst kann – mit dem Einverständnis der Eltern – angefragt werden.

Achtung!

Beobachtungen als Hinweis auf eine Lese-Rechtschreib-Schwäche können sein: Probleme beim Erkennen und Benennen von Buchstaben; Verwechslungen und Verdrehungen von ähnlich geschriebenen Buchstaben (b/d/p/q) oder ähnlich klingenden Buchstaben (d/t, g/k, b/p); langsames und sehr stockendes Lesen, Probleme beim Sprechen generell, auch beim Nachsprechen langer Wörter; sehr viele Fehler beim Schreiben (verschiedene Problemfelder); Schwierigkeiten beim lautgetreuen Schreiben und beim Zusammenschleifen von Buchstaben und Lauten. Beobachten Sie hier die Bereiche Lesen und Schreiben gleichermaßen.

Mit Diagnosebogen arbeiten

Beachten Sie beim Unterrichten aller Schüler: Im Rahmen der individuellen Förderung sollte im Unterricht mit Diagnosebogen gearbeitet werden, in die die Schüler selbst ihre Fehlertypen eintragen, ihre Fehler also qualitativ und quantitativ erfassen. Das muss natürlich unter Anleitung geübt

werden. Sie können aber mit einem guten Effekt rechnen: Es wird ein Bewusstsein dafür geschaffen, wo die individuellen Fehlerschwerpunkte liegen. Anschließend können gezielt Zusatzmaterialien eingesetzt werden.
Beispiel für einen Diagnosebogen, der über mehrere Diktate hinweg eine Einschätzung und gegebenenfalls Veränderung sichtbar macht:

Diktat-Diagnosebogen

	Diktat 1	Diktat 2	Diktat 3	...
falsche Groß-/Kleinschreibung				
Verwechslung von ähnlichen Lauten (z. B. e/ä)				
falsche Dehnung (z. B. fehlendes ie/h)				
Verwechslung bei den s-Lauten				
Weglassen von Silben, Wörtern oder Wortendungen				
falsche Getrennt-/Zusammenschreibung				
Fehler bei der Zeichensetzung				
sonstige Fehler				
Verhältnis Wortzahl zu Fehlerzahl				
Wo liegen die Fehlerschwerpunkte?				

Rechtschreibstrategien trainieren

14

Strategien-Vielfalt

Der gut gemeinte Ratschlag „Du musst mehr lesen und dir einprägen, wie die Wörter aussehen“ genügt nicht. Vielmehr müssen im Unterricht, besonders in den Klassen 5 bis 7, Rechtschreibstrategien trainiert werden, damit sich die Schüler selbst behelfen können:

- **Alphabetische Strategie**: Wörter auf Vollständigkeit und Laut-Buchstaben-Zuordnung prüfen
- **Morphematische Strategie**: Wortstämme erkennen, Ableiten, Zerlegen, Verlängern
- **Orthografische Strategie**: mit Rechtschreibregeln umgehen
- **Gliedernde Strategie**: wortübergreifend; Haupt-/Nebensätze erkennen und Kommas setzen
- **Mnemotechnische Strategie**: Ankerwörter kennen und neue Wörter zuordnen
- **Nachforschende Strategie**: selbstständig nachschlagen, alternative Schreibweisen prüfen
- **Akustische Strategie**: genau zuhören und ähnlich klingende Phoneme unterscheiden

Einführung und Festigung der Strategien

Führen Sie bereits in der 5. Klasse alle genannten Strategien ein und beobachten Sie, ob die Schüler in der Lage sind, im Einzelfall die passende Strategie anzuwenden. Vermeiden Sie Vielschreiberei zugunsten gezielter Übungen mit Selbstkontrolle. Wichtig ist es, dass die Strategien zum festen Bestandteil des Lernens werden, auch zu Hause. Wiederholen Sie die Strategien regelmäßig, damit sie sicher verfügbar sind. Stellen Sie bei schwächeren Schülern die Erfolge heraus, die sich aus der Anwendung der Strategien ergeben.

SOS-Tipp

Empfehlen Sie bei Schülern, deren Fehler auch auf schreibmotorische Schwierigkeiten zurückzuführen sind, ein passendes Schreibgerät. Lassen Sie das Kind immer wieder in Druckschrift schreiben, um die Aufmerksamkeit auf die einzelnen Buchstaben zu lenken.

15 Diktatformen wechseln

Ein Diktat schreiben lassen – das klingt erst mal nach einem Selbstläufer, der kaum Vorbereitung verlangt. Aber Diktat ist nicht gleich Diktat. Wie auch bei anderen Übungen ist beim Diktieren Variation unverzichtbar. Durch unterschiedliche Formen des Diktierens werden unterschiedliche Kompetenzen gestärkt.

Formen des Diktats bzw. Formen des Aufschreibens

- **Wörterdiktat:** Hierbei können Sie sich zunächst auf die Schreibung seltener oder schwieriger Einzelwörter, zum Beispiel Fachwörter, konzentrieren und leicht eine Nachschlageübung im Wörterbuch anschließen. Die gezielt geübten Begriffe können dann in einem anderen Kontext bzw. Diktat wiederverwendet – und hoffentlich richtig geschrieben – werden.
- **Partnerdiktat:** Diese Diktatform fördert besonders die Kompetenz des diktierenden Schülers im Hinblick auf eine sinntragende Intonation und Satzgliederung; der schreibende Schüler hat den Diktierenden direkt bei sich und kann leicht auf Feinheiten achten.
- **Laufdiktat:** Diese Variante fördert das konzentrierte Einprägen möglichst langer Wortfolgen und das Aussehen der Wörter. Der Text wird dazu im Klassenzimmer aufgehängt; die Schüler müssen hinlaufen, ihn lesen, zurücklaufen und so viel aufschreiben, wie sie sich haben merken können. Es handelt sich also um ein Lesediktat. Die Schüler sollen dabei möglichst keine Geräusche verursachen. Es geht nicht darum, wer schnell fertig ist, sondern wer möglichst selten aufsteht.
- **Mitlesediktat:** Diese Diktatform ähnelt dem Laufdiktat, während des Diktierens ist jedoch der Text für die Schüler sichtbar. Die zusätzliche optische Stütze beinhaltet bereits einen Lerneffekt durch das bewusste Wahrnehmen. Wird das Mitlesediktat als Partnerdiktat geschrieben, werden gleichzeitig etwaige Schwächen des diktierenden Schülers (Tipp 17) ausgeglichen.
› Tipp 17
- **Auswahldiktat:** Hier sucht der Schüler sich interessegeleitet einen Text aus und lässt ihn sich von einem Mit-

schüler diktieren. Diese Diktatform ist also eher inhaltlich attraktiv.

Zur besonderen Förderung sind daneben noch weitere Diktatformen möglich (Tipp 87).

›Tipp 87

MONATSDIKTATE SCHREIBEN

16

Diktatübungen sollten im Sinne eines kumulativen Lernprozesses (Tipp 1) immer wieder in den Unterricht eingebaut werden, auch wenn die Rechtschreibung gerade nicht Unterrichtsthema ist. Das gilt insbesondere für die Klassen 5, 6 und 7. Vielleicht können Sie dafür einen festen Termin vorsehen, etwa den letzten Freitag im Monat. Abweichungen sind möglich, das Vorhaben bleibt aber im Bewusstsein. Um die Motivation vieler Schüler zu gewinnen, kann es sinnvoll sein, die Diktattexte vorher für eine konkrete Vorbereitung herauszugeben; dann besteht allerdings auch der Anspruch, dass möglichst fehlerfrei geschrieben wird. Diese Variante ist zumindest ab und zu eine pädagogisch wertvolle Möglichkeit – gerade auch für schwächere Schüler, die so eine bessere Chance auf Erfolg bekommen. Ein solches, vorbereitetes Diktat darf dann auch benotet werden. Ein partielles Aufbrechen der ansonsten meist „zementierten" Rechtschreibnoten ist ein positiver Effekt.

›Tipp 1

Einen festen Termin vorsehen

Diktat mit bekanntem Text

RICHTIG DIKTIEREN

17

Erinnern Sie sich noch an die Diktate Ihrer Schulzeit? Vielleicht haben Sie sie sogar gemocht. Die Aufgabe scheint ja auch einfach zu sein: Man bekommt alles gesagt, was man aufschreiben muss. Der Vorgang ist jedoch ein komplexer, weil auf drei Ebenen gearbeitet wird: Gehörtes muss verstanden werden (auditive Ebene), geht in eine Vorstellung

Transformationsvorgang zwischen Hören und Schreiben

über (optisch-graphemische Ebene) und muss zu Papier gebracht werden (schreibmotorische Ebene). Es liegt also eine doppelte Übersetzung bzw. Übertragung vor. Damit kommen Schüler unterschiedlich gut zurecht. Beachten Sie deshalb beim Diktieren die folgenden Hinweise:

Textauswahl und Diktierweise

- Wählen Sie keine unnatürlichen Texte in dem Sinne aus, dass ein bestimmtes Phänomen übertrieben gehäuft oder in sehr schwieriger Ausprägung vorkommt. Die Schüler konzentrieren sich ansonsten einseitig auf das stark repräsentierte Rechtschreibphänomen und machen umso mehr Fehler in anderen Bereichen. Zudem ist es kaum möglich, den geschilderten Übertragungsprozess auf allen Ebenen zu leisten, wenn eine Häufung von potenziellen Fehlerquellen durch die Schüler bemerkt wird und zusätzlichen Stress auslöst.
- Lesen Sie den Text zunächst komplett vor, sodass ein Gesamtverständnis möglich ist.
- Diktieren Sie dann satzweise, wobei Sie nach dem Lesen der einzelnen Sätze zusätzlich Teileinheiten diktieren, und zwar zweifach. Nur so haben alle Schüler die Chance, den diktierten Text vollständig zu übertragen.
- Lesen Sie am Ende den ganzen Text noch einmal langsam vor, damit die Schüler eine Kontrollmöglichkeit im Hinblick auf Vollständigkeit haben.
- Passen Sie das Lesetempo beim Diktieren an die durchschnittliche Schreibgeschwindigkeit an.
- Gönnen Sie den Schülern zwischendurch eine Pause zum Ausschütteln der Hand.
- Diktieren Sie deutlich bei der Zusammen- und Getrenntschreibung, denn hier werden viele Fehler „gesammelt", die durch aufmerksames Hinhören vermeidbar sind.
- Geben Sie am Ende Zeit zur stillen Korrektur, damit jeder Schüler noch individuelle Verbesserungen vornehmen kann, zum Beispiel mithilfe der Rechtschreibstrategien (Tipp 14).
- Geben Sie danach gegebenenfalls drei bis fünf Minuten Zeit, um ein Rechtschreibwörterbuch zu benutzen (gezieltes Nachschlagen).

› Tipp 14

- Das Diktieren von Satzzeichen ist abhängig vom Lernstand und den Vereinbarungen an Ihrer Schule (Tipp 6).

› Tipp 6

Achtung!

Erklären Sie vorweg, wie das Diktat ablaufen wird und welche Regeln gelten, das mindert die Aufregung. Laufen Sie beim Diktieren nicht dauernd herum, sondern nehmen Sie einen Standort ein, von dem aus alle Schüler Sie gut hören können und Sie einen Überblick über die Klasse haben.

18 Sinnvolle Verbesserung einführen

„Da muss ich ja alles noch mal schreiben ...", klagt ein Schüler, der immer, und auch diesmal wieder, viele Fehler im Diktat hat. Zum Frust wegen der schlechten Note gesellt sich der Frust wegen der umfangreichen Verbesserung, die nun ansteht. Hinzu kommt, dass das dreimalige richtige Schreiben eines Wortes zwar tatsächlich einen Merkeffekt mit sich bringt, bei vielen Fehlern allerdings wenig sinnvoll erscheint. Wie lassen sich also sowohl der Korrekturumfang eingrenzen als auch der Lerneffekt optimieren?

Wählen Sie bei Schülern, die besonders viele Fehler gemacht haben, durch Markieren (Einkreisen) aus, welche Wörter verbessert werden sollen. Dadurch können Sie einen Fehlerschwerpunkt herausgreifen und der betreffende Schüler hat ein überschaubares Pensum zu leisten. Er fühlt sich auch nicht benachteiligt gegenüber denen, die von vornherein weniger Fehler verbessern müssen.

Auf Fehlerschwerpunkte konzentrieren

Bei der Korrektur der Fehler können Sie – unabhängig von deren Gesamtzahl – folgendes Vorgehen einführen:

Verbesserungsoptionen

- Der Schüler soll die Art eines Fehlers bestimmen, bevor er ihn korrigiert.
- Das falsch geschriebene Wort soll in einem selbst gebildeten, also neuen Satz richtig geschrieben werden.

- Falsch geschriebene Verben werden konjugiert.
- Substantive sollen entweder dekliniert oder zur Bildung einer Wortfamilie verwendet werden.

Arbeiten Sie dann und wann mit einem bestimmten Text intensiv, indem Sie ihn mehrfach diktieren – bis er fehlerfrei geschrieben wird. Das kann auch als Ansporn dienen. Verlagern Sie das Verfahren gegebenenfalls in den Förderunterricht (Tipp 88).

› Tipp 88

19 Förderplan aufstellen

Eine systematische Förderung bei einer Lese-Rechtschreib-Schwäche (Tipp 13) bedingt einen Förderplan, der folgende Elemente enthalten sollte:

› Tipp 13

- Datum der Klassenkonferenz, die den Förderplan aufstellt
- Lernausgangslage/Beobachtungen: sprachlicher, kognitiver und motorischer Entwicklungsstand; Lernmotivation; Konzentrationsfähigkeit; Arbeitsverhalten; Stärken und Schwächen
- Ergebnisse ärztlicher Untersuchungen (falls vorhanden)
- beschlossene Fördermaßnahmen
- empfohlene Lernmittel
- gegebenenfalls Nachteilsausgleich (mehr Zeit bei Klassenarbeiten, zusätzliche Hilfsmittel, differenzierte Aufgabenstellung etc.)
- Zusammenarbeit mit den Eltern (Tipp 89)
- geplanter Zeitraum der Förderung und Evaluation

› Tipp 89

Bestimmt gibt es an Ihrer Schule bereits ein Formblatt dazu – fragen Sie im Sekretariat danach. Vielleicht finden Sie es auch im Intranet Ihrer Schulhomepage.

Achtung!

Beachten Sie die in Ihrem Bundesland gültige Verwaltungsvorschrift mit speziellen Regelungen.

20

Es wird viel gesprochen an einem Tag! Auch und gerade in der Schule. Kennen Sie das Gefühl, wenn Sie von der Schule nach Hause kommen, „gesättigt" zu sein und erst einmal nicht viel reden zu wollen?

Weniger ist manchmal mehr. Daher gilt es – vor allem im Deutschunterricht –, bewusst mit Sprache umzugehen und diese gezielt einzusetzen. Darin steckt auch der Hinweis, nicht unnötig viel zu reden. Der Deutschunterricht nutzt nicht nur – wie alle Fächer – die Sprache, er thematisiert sie außerdem als das vorrangige Medium der Kommunikation. In den Bildungsstandards ist dafür der Kompetenzbereich „Sprechen und Zuhören" vorgesehen. Wichtig ist, die Anforderungen der Ausbildung des Ausdrucksvermögens der Schüler nicht zu vernachlässigen, indem stets den schriftlichen Formen Vorrang gegeben wird. Balancieren Sie zwischen Sprechen und Schreiben. Betrachten Sie auch bewusstes Sprechen als Vorstufe zum Schreiben. Arbeiten Sie mit den Schülern an Feinheiten der Sprache (Tipp 23, 24), ohne das allerdings zu lange auszudehnen oder zum Selbstzweck werden zu lassen.

Balance zwischen Sprechen und Schreiben finden

› Tipp 23, 24

Gehen Sie als Lehrer bewusst mit Sprache um. Variieren Sie Ihre Sprache; wechseln Sie immer wieder Ebenen des Sprechens, um die Vielfalt der Sprache zu demonstrieren. Experimentieren Sie mit Sprache und ermuntern Sie Ihre Schüler, das ebenfalls zu tun. Zeigen Sie, wie man spannend erzählt. Fördern Sie die Erzählkultur in Ihrer Klasse (Tipp 21).

Sprachliches Vorbild sein

› Tipp 21

Gleich mal ausprobieren

Lassen Sie die Schüler bestimmte Sätze in verschiedenen Gemütslagen sprechen – zum Beispiel gelangweilt, zornig, eifrig, ängstlich, arrogant – und schaffen Sie dadurch auch bei Ihren Schülern zunehmend ein Bewusstsein für die Wirkung von Sprache.

ERZÄHLEN UND ERZÄHLEN LASSEN

21

› Tipp 20

„Erzählen" fußt auf eine lange literarische Tradition und soll seinen Platz im Deutschunterricht haben, gerade auch das mündliche Erzählen (Tipp 20). Während die Grundschulen das Erzählen noch stärker pflegen, geht es in den weiterführenden Schulen leider zunehmend verloren. Nutzen Sie als Lehrer die Chance, selbst zu erzählen und dabei den Schülern zu zeigen, wie man das anschaulich und spannend tun kann, vorwiegend in den Klassen 5 bis 8.

Erzählen hat etwas mit „Geschichten" zu tun bzw. bezieht sich auf etwas selbst Erlebtes. Insofern nähert sich mündliches Erzählen auch schriftlichen Erzählprozessen an und soll mit den Schülern geübt werden (Tipp 86, 91). Durch das Erzählen und die Reaktionen der zuhörenden Mitschüler, die vielleicht auch Nachfragen stellen, wird einem Ereignis mehr Bedeutung gegeben. Der erzählende Schüler erinnert sich an Gehörtes, Gelesenes oder Erlebtes, reflektiert es und rückt in den Mittelpunkt der Aufmerksamkeit. Die Herausforderung, vor anderen zu sprechen (wichtige Kompetenz), dabei verständlich zu reden und das Vorwissen der Zuhörer zu berücksichtigen, macht Erzählen wertvoll.

› Tipp 86, 91

Erzählen und Zuhören

Bauen Sie das Erzählen als Baustein in Ihren Unterricht ein. Verändern Sie dazu die Sitzordnung (Stuhlkreis), wenn das in Ihrem Unterrichtsraum ohne größeren Aufwand möglich ist.

Gleich mal ausprobieren

Wenn Sie Klassenlehrer sind und am Montagmorgen Unterricht haben, könnten persönliche Erlebnisse des Wochenendes Thema sein. Weitere Möglichkeiten sind: von Filmen oder Theaterbesuchen erzählen (Tipp 3), Erlebnisse von besuchten Festen in der Region wiedergeben, erfundene Geschichten darbieten etc. Räumen Sie den zuhörenden Mitschülern eine Feedbackmöglichkeit ein, die Kritik an der erzählenden Darbietung zulässt, aber insgesamt wertschätzend ausgerichtet sein soll.

› Tipp 3

Es hat auch seinen Reiz, eine gerade eben erfundene Geschichte spontan erzählen zu lassen. Als Anregung hierzu eignen sich die im Handel erhältlichen „Story Cubes" (Erzählwürfel). Hier finden sich statt der üblichen „Augen" auf den Würfeln Symbole, die für Substantive jeglicher Art Stehen (Tipi, Hufeisen, Schaf, Mond), aber auch Aktionen repräsentieren (also Verben umschreiben). Die Schüler könnten beispielsweise auf der Basis von vier gewürfelten Begriffen eine Geschichte konstruieren und erzählen. Natürlich können Sie auch mit entsprechenden Motivkärtchen arbeiten.

Achtung!

Achten Sie darauf, dass im Laufe der Zeit alle Schüler die Chance bekommen, die Erzählerrolle zu übernehmen. Wenn Sie die Erzählkultur regelmäßig pflegen und diese so zur Selbstverständlichkeit wird, bauen sich auch manche Hemmungen ab.
Setzen Sie „Vielrednern" ein Zeitlimit. Drei Minuten können schon lang sein. Lassen Sie die Schüler vorab fünf bis zehn Stichworte aufschreiben, die sie beim Erzählen verwenden möchten.

22 Mit Wortbausteinen spielen

„Am Anfang war das Wort" – soll auch für die Sprachbetrachtung gelten. Wörter als kleine (nicht kleinste) Einheiten der Sprache tragen semantische und grammatische Merkmale in sich. Damit kann man leicht „spielen" im Sinne von Zusammenbauen oder Auseinandernehmen. Die drei Verfahren der Wortbildung sind ...

Verfahren der Wortbildung

- **Zusammensetzung**: selbstständige Wörter werden zu einem neuen Wort zusammengefügt (Hand + Ball → Handball, Wasser + fest → wasserfest) (Tipp 23);
- **Ableitung**: an ein bestehendes Wort wird ein Prä- oder Suffix angefügt (Ver + Kauf → Verkauf, gelb + lich → gelblich)

› Tipp 23

- **Kurzformenbildung**: Wortbestandteile werden weggenommen (Omnibus → Bus, Klosett → Klo)

Geeignete Momente für „Aha-Effekte“ nutzen

Das Experimentieren mit Wörtern im Unterricht erfolgt meist auf schlichte, aber wirkungsvolle Weise. Nutzen Sie in geeigneten Momenten die Gelegenheit zu einem „Aha-Effekt“: Isoliert man zum Beispiel die semantische Information des Adjektivs „klar“ aus „Aufklärung“, kommt man rasch zu einem ersten Verständnis des Epochenbegriffs. Hilfreich ist die Bewusstwerdung darüber, dass bestimmte Suffixe eine Tendenz angeben, zum Beispiel „un“ oder „miss“ eine Negativierung (Ruhe – Unruhe; Zeit – Unzeit; Verständnis – Missverständnis; Erfolg – Misserfolg).

Gleich mal ausprobieren

Viele bekannte Spiele haben Wortbildung zum Thema. Schauen Sie mal nach, was Sie in Ihrer Spielesammlung finden. Lassen Sie an Gruppentischen Wortbildungsspiele zu. Wenig bekannt, aber empfehlenswert ist „Tick... Tack Bumm“. Dieses Spiel fördert verschiedene Verfahren der Wortbildung und kann ebenso wie „Wortfix“ oder „Wörter würfeln“ in Gruppen gespielt werden.

23 Vielfalt des Attributs nutzen

Unsere Sprache wäre ohne Attribute wie eine fade Suppe. Zudem sind viele Textsorten ohne Attribute schlichtweg nicht denkbar. Schüler können keine anschauliche Erlebniserzählung ohne Attribute verfassen, und auch einen Anleitungstext (z. B. Gebrauchsanweisung, Bastelanleitung) vermögen Schüler ohne gezielt eingesetzte Attribute nicht genau genug zu formulieren. Die besondere Position des Attributs ist darin zu sehen, dass es die Gestalt verschiedenster Wortarten annehmen kann. Es hat keinen Satzgliedcharakter, aber gleichzeitig ist es Teil vieler Satzglieder. So bewegt sich das Attribut flexibel zwischen verschiedenen

Bedeutung und Position des Attributs

Kategorien. Das zu erkennen und im Einzelfall zu benennen, ist eine Herausforderung für die Schüler und fördert ein differenziertes Sprachverständnis. Dabei müssen Grammatik und Semantik zusammen betrachtet werden, denn das Attribut in seinen unterschiedlichen grammatischen Realisierungen hat meist einen inhaltlich präzisierenden Charakter (so z. B. bei der Beschreibung eines Vogels in Sachtexten; Tipp 73) oder verlebendigt Geschehnisse (z. B. bei der Schilderung der Atmosphäre eines Schauplatzes in einer Erzählung; Tipp 63).

›Tipp 73

›Tipp 63

Gleich mal ausprobieren

Sie finden in jedem „guten" Text eine Vielfalt unterschiedlicher Attribute. Nehmen Sie einfach den Text, den Sie morgen behandeln möchten, und unterstreichen Sie alle Attribute, die Sie finden. Vielleicht nützt Ihnen diese Operation auch für die inhaltliche Erschließung, die Sie anstreben.

Formen des Attributs

Unterscheiden Sie folgende Formen des Attributs:

- Bestimmungswort in einem Kompositum (*Vogel*haus)
- Adjektivattribut (das *bunte* Gefieder)
- Partizip-I-Attribut (der *segelnde* Adler)
- Partizip-II-Attribut (die *gejagten* Tiere)
- Genitivattribut (die Form *der Flügel*)
- Adverbiales Attribut (das Nachtquartier *dort*)
- Präpositionales Attribut (das Nest *in den Wipfeln*)
- Apposition-Attribut, das heißt Beifügung (die Eule, *die Wachsame*, sitzt ...)
- Attributsatz (Alle, *die gen Süden fliegen*, sammeln sich ...)

Achtung!

Nicht alles, was wie ein Attribut aussieht, ist auch ein Attribut! Erklären Sie den Schülern, dass es wichtig ist, sich an den Bezugswörtern zu orientieren. Ist kein Bezugswort vorhanden, das näher erläutert wird, liegt auch kein Attribut vor.
Attribute können auch innerhalb von Attributen auftreten, das heißt in sich verschachtelt sein.

24 Satzglieder deutlich unterscheiden

Ein immer wieder beobachtbares Beispiel für die Diskrepanz zwischen „mitgebrachten“ bzw. durch Studium erworbenen Kenntnissen und dem, was der Deutschlehrer unterrichten soll, sind Teilthemen des Grammatikunterrichts, so zum Beispiel die Abgrenzung der Satzglieder: Ein „schwieriger Fall“ für Schüler und Lehrer, der aber „gelöst“ werden muss, weil es sonst regelmäßig zu Irritationen bei der Satzgliedbestimmung kommt, ist die Unterscheidung von Adverbiale und Präpositionalobjekt. Trainieren Sie in diesem Zusammenhang die präzise Frage an den Satz, mithilfe derer die Schüler die Satzglieder isolieren – und unterschätzen Sie nicht den hohen Übungsbedarf.

Adverbiale und Präpositionalobjekt unterscheiden

Regeln mit Beispielen zur Fragestellung

Adverbiale

Adverbiale Bestimmungen sind **Satzglieder**, die auf Fragen wie „wo?“, „wann?“ etc. antworten. Je nach **Umstand, den sie näher beschreiben**, unterscheidet man lokale (wo? wohin?), temporale (wann?), kausale (warum?) und modale (wie?) Adverbialen.

Beispiel: Morgens fliegen die hungrigen Vögel los.
Frage: *Wann* fliegen die Vögel los?
Antwort: *morgens* (= temporale Adverbiale)

Präpositionalobjekt

Wenn das **Prädikat** im Satz eine **Präposition bei sich stehen hat**, die auch **bei der Frage** nach dem Satzglied mit **einbezogen** werden muss, liegt keine Adverbiale, sondern ein **Präpositionalobjekt** vor.

Beispiel: Vögel ernähren sich von Würmern.
Frage: *Wovon/Von was* ernähren sich Vögel?
Antwort: *von Würmern* (= Präpositionalobjekt)

Ein pragmatischer Hinweis: Häufig lässt sich mit dem einfachen Fragewort „wie“ eine kompliziertere Fragekonstruktion ersetzen. Entscheiden Sie sich im Zweifelsfall also für die adverbiale Bestimmung und vermitteln Sie diese Priorität auch Ihren Schülern. Das verhindert fruchtlose Diskussionen, bei denen viele Schüler „abschalten".

25 Ironie erkennen und thematisieren

„Bitte nicht alle auf einmal", sagt mancher Lehrer, wenn sich gerade niemand meldet. Die Schüler verstehen hier die Ironie, weil sie die Aussage aus der Situation heraus deuten können. Ganz so eindeutig ist es allerdings nicht immer und vor allem nicht für alle Schüler gleichermaßen, denn das Ironieverständnis ist bei Kindern und Jugendlichen sehr unterschiedlich ausgeprägt.

Unterschiedliches Ironieverständnis berücksichtigen

Sie müssen als Lehrer nicht radikal auf Ironie verzichten, sollten aber ein Bewusstsein dafür entwickeln, wann und wie viel Ironie gegenüber den Schülern sinnvoll und vertretbar ist.

Achtung!

Verwenden Sie Ironie nur gezielt – lassen Sie sie nicht zum „Dauerton" werden, der alles infrage stellt und für Verunsicherung sorgt. Vermeiden Sie grundsätzlich zynisches Sprechen, weil die Schüler solche Einschätzungen bzw. Haltungen aus der eigenen Lebenserfahrung heraus meist noch nicht nachempfinden können.

Ironie als sprachliches Mittel erkennen

Ironie ist ein wichtiges rhetorisches Stilmittel, das Sie als solches im Unterricht thematisieren sollten. Die Schüler begegnen ihr nicht nur im Alltag, sondern auch in vielen literarischen Texten, besonders im Schauspiel. Im Rahmen der Dialoganalyse (Tipp 70) und bei der Untersuchung manipulativer Strategien (Tipp 27) sollte ironisches Sprechen offengelegt werden. Wenn Schüler erkennen, dass jemand das Gegenteil von dem sagt, was er meint, gewinnen sie ein differenziertes Sprachverständnis.

› Tipp 70
› Tipp 27

Achtung!

Klären Sie mit Ihren Schülern folgende Begriffe:
Ironie: Der Sprecher sagt nicht genau, was er denkt – im einfachsten Fall spricht er das Gegenteil dessen aus. Dabei erwartet er, dass er trotzdem verstanden wird.
Sarkasmus: Form der Ironie bzw. deren Steigerung; subtil, spöttisch oder bissig formuliert
Zynismus: Denkweise bzw. Lebenshaltung, manchmal aus frustrierender Erfahrung heraus; mitunter Missachtung persönlicher Gefühle oder sozialer Konventionen

Satirische Sprache verarbeiten

26

› Tipp 25

Ironie (Tipp 25) kann ein sprachliches Mittel der Satire sein. Satire ist umfassender – eine Kunstform, die Missstände aufdeckt mit dem Ziel, diese vielleicht zu mildern oder zu beseitigen. Satirische Sprache mit humoristischem Duktus durchzieht sämtliche Textgattungen. Die vertiefte Analyse von literarischen Texten, wie sie ab Klasse 9 möglich ist, kommt ohne die Deutung satirischer Teile nicht aus.
Folgende Hilfestellung kann den Schülern beim Schreiben satirischer Texte an die Hand gegeben werden:

Eine eigene Satire schreiben

Basishinweise

Dein Text soll **humorvoll** (lustig) bzw. **humoristisch** (lustig entlarvend sein).

- Überlege dir, welchen Missstand du in den Mittelpunkt stellen möchtest.
- Der Reiz deiner Satire liegt darin, dass du etwas Unerwartetes sagst bzw. die Realität auf eine unerwartete sprachliche Weise darstellst.
- Satire heißt: **verzerren, übertreiben, kritisieren,** um den Leser mit deiner Sache zu konfrontieren.

Sprachliche Mittel

- spielerische Elemente (Wortspiele, Wortverdrehungen, wörtliches Verwenden von eigentlich übertragenen Bedeutungen, sprechende Namen)
- Kontraste, Ironie, Übertreibung, Untertreibung
- Umkehrung der normalen Verhältnisse, Kombination von Dingen bzw. Gedanken aus verschiedenen Bereichen, Aufzeigen unsinniger Konsequenzen
- persönliche Bewertung auf der Basis eines Wechsels (plötzlich etwas ganz Ernstes sagen), offenes Aussprechen der Kritik, Wiederholung mit denselben oder mit anderen Worten, etwas Makabres einbinden
- eine Art Refrain finden: eine Zeile, die immer wieder auftaucht, den Text strukturiert bzw. variiert

Textsorten

Eine Satire ist grundsätzlich offen für verschiedene Textsorten. Es eignet sich je nach Thema

- ein Interview
- ein lyrischer Text (ein Lied)
- ein Märchen
- ein journalistischer Text (Glosse, Kommentar)
- ein kombinierter Beitrag aus Text und Bild (Karikatur, Comic)

Gleich mal ausprobieren

Der Einstieg in das Schreiben von Satiren gelingt am ehesten über das Anfertigen von Parallel- oder Antworttexten (zu Textvorlagen). Dabei muss die Vorlage selbst nicht satirisch sein. Durch die Nutzung der Struktur mit neuen Inhalten entstehen Humor und Satire. Das ist zunächst einfacher als das freie Schreiben zu einem Thema. Probieren Sie es aus, indem Sie ein den Schülern bekanntes Gedicht als Vorlage auswählen.

27 Sprachmanipulation entlarven

„Dieses Angebot bieten wir nur ausgewählten Kunden an. Sie gehören dazu." Der Adressat fühlt sich geschmeichelt … zumindest im ersten Moment. Vielleicht erkennt er dann aber die Verkaufsstrategie und kann reagieren. Voraussetzung: Er hat gelernt, manipulative Sprachstrategien zu erkennen.

Diese Einsicht in Sprache ist eine zentrale Kompetenz des Deutschunterrichts am Ende der Sekundarstufe I und in der Sekundarstufe II. Sie wird in unterschiedlichen Zusammenhängen geübt, besonders bei der Rede- und der Dialoganalyse (Tipp 70).

› Tipp 70

Folgende Strategien sollten Sie im Kontext dieser und anderer, auf Argumentation basierender Textsorten erarbeiten:

Strategien manipulativer Sprache

- **Pauschalisierung:** „Jeder Lehrer hat einen Spleen."
- **Schmeichelei:** „Jedes Mal, wenn ich dich sehe, bist du noch schöner!"
- **Übertreibung:** „Du siehst immer alles falsch!"
- **Herabwürdigung:** „Ziehen Sie sich beim nächsten Mal eine ordentliche Hose an."
- **Eindringlichkeit/Beschwörung:** „Ich frage dich noch mal: Stimmt das? Denk an die Folgen!"
- **Drohung:** „Sollte die Lieferung bis morgen nicht eingetroffen sein, zahle ich nicht!"
- **Anspielung:** „Hatten Sie nicht schon mal Probleme mit der Polizei?"
- **Berufung auf scheinbar gängiges Verhalten:** „Würde nicht jeder halbwegs normale Mensch so handeln?"
- **Stärken eines Wir-Gefühls:** „Das können nur wir. Gemeinsam kriegen wir das hin."
- **Verharmlosung:** „Das können wir riskieren. Es wird schon nichts passieren."

28 Vierfaches Hören üben

Kommunikationsmodelle stellen eine Hilfe dar, wenn es darum geht, Perspektiven zu unterscheiden, mögliche Erwartungen offenzulegen oder ein bestimmtes Thema in den Mittelpunkt zu rücken. Schließlich reden Menschen indirekt über sich selbst, wenn sie sich mit anderen über eine Sache auseinandersetzen. Deshalb kommt es oft zu langwierigen Entscheidungsprozessen und vagen Ergebnissen.
In der Schule hat sich das Kommunikationsquadrat, das sogenannte „Vier-Ohren-Modell" von Friedemann Schulz von Thun, fest etabliert. Gespräche verschiedener Art, auch Gespräche zwischen literarischen Figuren, lassen sich mit diesem Modell differenziert offenlegen (Tipp 70). Kernaussage des Modells: Wenn Menschen miteinander sprechen, geht es nicht nur um die Weitergabe bzw. Aufnahme eines Inhaltes; es schwingt viel mehr mit.

› Tipp 70

Kommunikationsquadrat

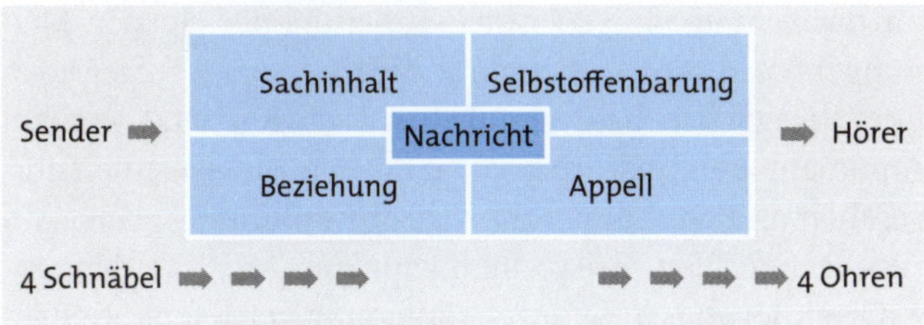

Nach: F. Schulz von Thun (1981)

Anwendungsbeispiel für das Kommunikationsquadrat

Ein Anwendungsbeispiel: In Jakob Arjounis Roman „Magic Hoffmann" planen drei Freunde einen Banküberfall. Nickel hat Bedenken, dass ein solcher Überfall gelingen kann. Darauf entgegnet Annette: „Wenn Einstein so gedacht hätte, wäre er Kartoffelbauer geworden (...)." Wie lässt sich diese Aussage vierfach hörend aufgliedern?

- Sachinhalt: Einsteins Art zu denken hat ihn nicht den Beruf des Kartoffelbauers ergreifen lassen.
- Selbstoffenbarung: Ich wäre bereit, den Banküberfall zu riskieren.

- **Beziehung**: Ich widerspreche deinen Bedenken. Du bist mir zu ängstlich.
- **Appell**: Lasst uns den Überfall riskieren!

Um die Ecke gedacht

Sie können das Modell auch anwenden, wenn Sie mit Schülern Bewerbungsgespräche simulieren. Lassen Sie die Schüler, die ein Bewerbungsgespräch beobachten, einzelne Sätze daraus aufschreiben, die dann im Nachhinein mithilfe des Modells ausdifferenziert werden. Dadurch erhält man Aufschluss darüber, warum ein Bewerber vielleicht „besser ankommt" als ein anderer.

29 Argumentieren und Erörtern lassen

Sprache ist ein Diskurs! Das bedeutet für das Sprechen wie für das Schreiben: Neben der Äußerung der eigenen Meinung müssen auch Ansichten anderer Personen aufgegriffen und abgeglichen bzw. argumentativ eingeschätzt werden. Argumentieren und Erörtern ist in allen Klassenstufen vorgesehen und wird durch die Lehr- bzw. Bildungspläne sukzessive aufgebaut. Beispielhaft kann angeführt werden:

- **Orientierungsstufe**: eigene Meinung vertreten, Streitgespräch in einer Gruppe führen, Buchkritik schreiben
- **Sekundarstufe I**: Leserbrief schreiben, Argumente zu einem Thema finden und nach Bedeutung gliedern, steigernde/lineare sowie Pro-kontra-Erörterung verfassen, Debatte führen
- **Sekundarstufe II**: Diskussion vorbereiten und durchführen, Texterörterung/literarische Erörterung verfassen

Aktuelle Anlässe wählen

Suchen Sie stets aktuelle Anlässe als Themen für erörterndes Schreiben, weil dadurch am ehesten gewährleistet ist, dass das Erörtern eine tatsächliche Relevanz gewinnt (keine „Trockenübung") und den Schülern auch schon einige Argumente bekannt sind, auf die sie zugreifen können. Vermitteln Sie den Schülern zudem konkrete sprachliche Formulierungen zur Verknüpfung von Argumenten bzw. zur Überleitung zwischen Teilthemen („Demgegenüber ist zu sagen ...", „Als weiteren Gedanken will ich anfügen ...", „Außerdem muss berücksichtigt werden ..."). Wichtig ist bei schriftlichen Erörterungen, dass immer feststeht, an wen sich der Text richten soll. Im Sinne einer zielgerichteten Kommunikation (Tipp 28) muss der Ansprechpartner klar sein. Ein „imaginärer Leser des Aufsatzes" ergibt keinen Sinn. Auch den Lehrer immer als Leser still vorauszusetzen, ist eine ungünstige Nicht-Festlegung. Inwieweit es den Schülern gelingt, sich bei der Wahl ihrer sprachlichen Mittel auf den Adressaten einzustellen, zählt auch als Qualitätsmerkmal des Schreibprodukts (Tipp 42, 44). Beispiel: Ein Schüler wirbt in seiner Erörterung für vegane Ernährung. Für die Auswahl seiner Argumente spielt es eine entscheidende Rolle, ob er als Adressaten einen Vertreter der fleischverarbeitenden Industrie vor Augen hat oder einen Ansprechpartner, der sich zumindest vegetarisch ernährt und seiner Haltung sowieso schon entgegenkommt.

Formulierungshilfen vermitteln

› Tipp 28

Adressatenbezogen erörtern

› Tipp 42, 44

Gleich mal ausprobieren

Nutzen Sie für den Unterricht auch die Form der Debatte. Die Tradition des Debattierens kommt aus dem angelsächsischen Raum. Bundesweit ist der Wettbewerb „Jugend debattiert" populär: Es handelt sich dabei um eine „Diskussion mit fester Struktur":

- zeitliche Limitierung
- Eröffnungsrunde, freie Aussprache, Abschlussrunde
- festgelegte Anzahl der Debattanten
- Jury mit Beobachtungsbogen

Dieses Format lässt sich sehr motivierend im Unterricht umsetzen – unabhängig von der Wettbewerbsteilnahme. Informationen hierzu finden Sie auf der offiziellen Homepage *www.jugend-debattiert.de.*

30

Jeder Text verrät, was man mit ihm machen kann! Bevor Sie also eine standardisierte Aufgabenstellung auf einen Text anwenden, befragen Sie den Text: Welche Inhalte bzw. welche Auswertungsstrategie bieten sich an? Sie werden feststellen, dass sich Ihre Vorarbeit lohnt, weil sich meist ein Gerüst für den Unterrichtsverlauf nahezu automatisch ableiten lässt. Gleichzeitig leisten Sie bereits die notwendige Auseinandersetzung mit dem Text, die Sie als inhaltlichen Rückhalt für den Unterricht benötigen.

Texteigene Leseanweisungen beachten

Was ist mit diesen dem Text eingelagerten „Leseanweisungen" gemeint? Hier mehrere Beispiele:

- Es liegt nahe, den Romananfang von Fontanes „Effi Briest" in eine Zeichnung des Anwesens in Hohen-Cremmen zu übertragen, da die Anlage genau beschrieben wird und für die Deutung des Geschehens, auch bezogen auf den Schluss des Romans, maßgeblich ist (Tipp 63).
- Heinrich von Kleists Kalendergeschichte „Der Griffel Gottes" verlangt eine detaillierte Analyse der Wortwahl und der Satzstrukturen, weil der Autor versucht, den Leser durch Brüche in diesen Bereichen zu verwirren. Hier soll ein scheinbar präzises Geschehen verschleiert werden, was es offenzulegen gilt (Tipp 39).
- Ein Sachtext (Tipp 73) zur Funktionsweise einer Kartoffelvollerntemaschine sollte eine klare Systematik aufweisen (Tipp 92): Einer Beschreibung des Gerätes an sich folgt eine Darstellung des Weges der Kartoffeln in den Verarbeitungsschritten. In diesem Fall muss also neben der Klärung der Fachbegriffe die Logik der Abfolge der Arbeitsschritte herausgearbeitet werden.

› Tipp 63
› Tipp 39
› Tipp 73
› Tipp 92

Achtung!

Variieren Sie so häufig wie möglich die methodische Vorgehensweise bei der Erschließung von Texten. Sehen Sie aber immer eine passende schriftliche Fixierung oder eine Visualisierung vor. Rein mündlich zu erledigende Aufträge werden zu oft nicht oder nur oberflächlich ausgeführt.

Textsorten kontrastieren

Nicht nur einzelne Texte (Tipp 30), sondern auch unterschiedliche Textsorten bieten Ihnen durch ihre spezifischen Textsortenmerkmale ein Erschließungsmuster an. Die beiden folgenden Textanfänge verweisen überdeutlich auf unterschiedliche Erzählweisen:

› Tipp 30

Textanfang 1: Märchen

„Es war einmal ein kleines Mädchen, dem war Vater und Mutter gestorben, und es war so arm, daß es kein Kämmerchen mehr hatte, darin zu wohnen, und kein Bettchen mehr, darin zu schlafen, und endlich gar nichts mehr als die Kleider auf dem Leib und ein Stückchen Brot in der Hand, das ihm ein mitleidiges Herz geschenkt hatte."
(Gebrüder Grimm, Die Sterntaler)

Textanfang 2: Kurzgeschichte

„Der Anruf kam, als ich vierzehn war. Ich wohnte seit einem Jahr nicht mehr bei meiner Mutter und meinen Schwestern, sondern bei Freunden in Berlin."
(Franck, Streuselschnecke)

Kontrastierung als Analysehilfe nutzen

Durch die Kontrastierung unterschiedlicher Textsorten können Sie erreichen, dass eine im Einzelfall eher mühsame sprachliche bzw. erzähltechnische Analyse (Tipp 59, 62, 63) deutlich leichter umsetzbar ist. Im konkreten Beispiel wird jeweils eine literarische Figur (Tipp 60) eingeführt: ein Mädchen, dessen Wohn- bzw. Lebenssituation auffällig ist. Ganz augenscheinlich wird klar, dass im Fall des Märchens ein auktorialer Erzähler das Geschehen wiedergibt, die Kurzgeschichte hingegen wird durch eine Ich-Erzählerin dargeboten. Allein dieser Unterschied ist nicht nur typisch für die unterschiedlichen Textsorten, sondern weckt auch verschiedene Erwartungen beim Leser: Während beim Märchentext durch den Erzähler eine Notsituation aufgebaut wird, die am Ende meist gut gelöst werden kann, ist das

› Tipp 59, 62, 63

› Tipp 60

Auswirkung auf die Erwartungshaltung des Lesers

Schicksal des Mädchens in der Kurzgeschichte offen. Zudem kann eine irgendwie gestaltete authentische Darstellung des Geschehens erfolgen. Die konkreten Angaben (14 Jahre alt, Berlin) unterscheiden sich von denen des Märchens („Es war einmal“, „ein mitleidiges Herz“) und verweisen auf eine reale Erlebensmöglichkeit. Die Diminutivformen („Kämmerchen“, „Bettchen“) sind weitere Hinweise auf die Gattung Märchen, die Nüchternheit der Informationen der Kurzgeschichte schürt die Erwartung, zu erfahren, wie es wohl dazu kommen konnte, dass eine Vierzehnjährige ohne Eltern in der Großstadt lebt.

Wirkungsgespräche führen

32

„Moment mal … bevor wir im Detail loslegen …“
Das Wirkungsgespräch wird geführt im Anschluss an eine Textlektüre und soll offenen Charakter haben. Dadurch ist es möglich, das Ausgangsverständnis der Schüler zu sichten, was auch Einfluss nehmen soll auf die Behandlung des Textes (Aspekte der Untersuchung, Schwerpunkte). Im Anschluss an dieses Erstgespräch können bereits Hypothesen formuliert werden (Tipp 33). Eine methodische Alternative zum Wirkungsgespräch ist die „Beratungsbox“ (Tipp 61).

› Tipp 33
› Tipp 61

Das Wirkungsgespräch, manchmal auch Kontaktgespräch genannt, ist im Sinne einer rezeptionsästhetischen Herangehensweise konsequent und notwendig. Die Schüler sollen als Leser ernst genommen werden. Ihre Sichtweise auf den Text ist nicht nur individuell unterschiedlich, sondern auch anders geprägt als die des Lehrers. Dieses „Vorverständnis“ zu erfassen ermöglicht letztlich einen interessanten Unterricht. Schreiben Sie die wichtigen Aussagen der Schüler in knapper Form mit. Folgende offene Fragestellungen sind denkbar:

Impulse für ein Wirkungsgespräch

- Wie war der Leseprozess: Mühsam? Einfach?
- Was ist euch an diesem Text besonders aufgefallen?
- Was ist spezifisch für diesen Text?

- Erinnert euch dieser Text an andere? An welche? Warum?
- Gab es Irritationen? Merkwürdigkeiten? Welche?
- Welche Textstellen bzw. Situationen fallen euch spontan ein?
- Sind eure Erwartungen, die ihr durch den Titel oder die ersten Seiten hattet, erfüllt worden?
- Habt ihr Mitgefühl mit einzelnen Figuren bzw. der Hauptfigur gehabt?
- Welche Figur würdet ihr bei einer Verfilmung gerne spielen?
- Wie beurteilt ihr den Ausgang?
- Welche Aspekte scheinen euch besonders wichtig bzw. ergiebig für eine Besprechung im Unterricht?
- Würdet ihr den Text weiterempfehlen? Für welche Lesertypen? Für welche Lesesituationen (Urlaub, Liebeskummer, Jahreszeit)?

Um die Ecke gedacht

Das Wirkungsgespräch ist vergleichbar mit unverzichtbaren Basistätigkeiten in anderen Bereichen: eine Geländebegehung oder Baustellenbesichtigung, eine Projektkalkulation, eine Diagnose oder ein Kostenvoranschlag.

33 Deutungshypothesen bilden

Bewusstwerdung des ersten Textverständnisses

Deutungshypothese? Hört sich kompliziert an. Braucht man das? Ja! Denn wenn Sie sich in eine ernst gemeinte Auseinandersetzung mit literarischen Texten begeben, müssen Sie und Ihre Schüler sich bewusst werden, was Sie spontan über einen gerade gelesenen Text denken bzw. welche ersten Ideen zum Verständnis bereits „auf dem Tisch liegen". Dieses erste Verständnis beeinflusst das weitere Vorgehen; als deutender Leser versucht man mehr oder weniger „gewaltsam", die zuerst vermutete Deutung zu bestätigen. Dabei kann es passieren, dass man Texthinweise vorschnell einseitig auswertet. Die ersten Deutungen sollten daher offen ausgesprochen und als Hypothesen festgehalten werden. Der darauf folgende Prozess im Unterricht führt dann zu einer Bestätigung, Veränderung, Erweiterung oder Widerlegung der eingangs genannten Vermutungen. Man spricht hier von einem hermeneutischen Prozess, bei dem ein Gesamtverständnis durch Einzeloperationen an einem Text (z. B. Untersuchung von Figuren, Erzählperspektiven, Schauplätzen; Tipp 59, 60, 63) immer wieder korrigiert bzw. präzisiert wird und schließlich zu einem neuen Verständnis sowie einer belastbaren Deutung und Visualisierung (Tipp 34) führt. Aufgrund dieses Verfahrens wird deutlich, dass man eine Ausgangshypothese braucht, sonst fehlt eine Bezugsebene.

Hermeneutischer Prozess

› Tipp 59, 60, 63

› Tipp 34

Diese Hypothesenbildung ist besonders zu empfehlen …

- wenn am Beginn einer Unterrichtsstunde vorläufige Problemlösungen zu einer Fragestellung gesucht werden;
- wenn spontane Eindrücke zu gerade gelesenen Texten gesammelt werden;
- wenn ein erster Austausch über Ganzschriften in der Lerngruppe erfolgt (Tipp 32).

› Tipp 32

Achtung!

Halten Sie die Schülerbeiträge in diesen Phasen stets fest (Stichworte) und beziehen Sie sich immer wieder darauf. Erst dann nehmen Sie die Schüler in ihrer Rolle als kompetente Leser ernst, deren Deutungsideen den Text lebendig werden lassen.

SOS-Tipp

Weisen Sie Deutungsideen, die von vornherein offensichtlich falsch sind, direkt zurück. Beispielsweise ist es nicht möglich, dass Andreas Gryphius in seinen Sonetten den deutsch-französischen Krieg von 1870/71 thematisieren wollte. Schließlich hat er über 200 Jahre vor diesem Ereignis gelebt. Lassen Sie die Schüler Deutungsversuche aussortieren, die am Text vorbeispekulieren bzw. nicht am Textmaterial begründet werden können.

Ergebnisse bündeln und visualisieren

34

„Was haben wir bis dahin erreicht?" Sichern Sie Zwischenergebnisse im Unterricht und machen Sie den Schülern auch die methodischen Schritte bewusst, die gerade ablaufen. Beziehen Sie die Schüler an den wichtigen Gelenkstellen des Unterrichts mit ein. Lassen Sie, wann immer möglich, die Schüler selbst bilanzieren und das weitere Vorgehen reflektieren. Bei der Auswertung von Ergebnissen aus Gruppenarbeiten ist es nicht immer notwendig, die Details aus den Arbeitsphasen präsentieren und auf- bzw. abschreiben zu lassen. Gerade bei der Auswertung von mehreren Textstellen genügt häufig eine exemplarische Erkenntnis, die sich alle notieren oder die für alle visualisiert wird. Überlegen Sie sich deshalb eine aussagekräftige Ergebnissicherung, die eine Struktur veranschaulicht, statt allzu viele Teilergebnisse aufzulisten; dann bleibt auch Zeit für vertiefende Fragen oder eine Transferaufgabe übrig. Seien Sie kritisch gegenüber rein formalen Textbeobachtungen ohne Deutungsbezug (Tipp 53).

Exemplarisches festhalten

Struktur statt Masse

› Tipp 53

Gleich mal ausprobieren

Gestalten Sie für die nächste Unterrichtsstunde ein schlichtes Tafelbild, das die Haupterkenntnis der Stunde auch bildhaft darstellt. Wie lässt sich das machen?

- Sie können Begriffe zu einer Art Bild anordnen oder in Beziehung zueinander setzen.
- Verwenden Sie Icons, Piktogramme oder Symbole, die jeder versteht.
- Bei Zeichnungen reichen die Umrisse, um zu erkennen, was dargestellt ist. Nutzen Sie die freien Innenflächen für Wortmaterial.
- Verwenden Sie Pfeile. Wenn Sie nicht (nur) eine Folge oder eine Kontrastierung ausdrücken wollen, sondern eine Beziehung darstellen möchten, beschriften Sie die Pfeile zusätzlich.
- Verwenden Sie Farben zur Hervorhebung unterschiedlicher Ebenen oder Zuordnungen.

SOS-Tipp

Wenn Sie eine komplexere Darstellung verwenden möchten, strukturieren Sie diese auf einem Arbeitsblatt vor. Das Blatt kann dann im Unterricht ausgefüllt oder ergänzt werden. Vermeiden Sie es jedoch, Aspekte vorzugeben, die erst von den Schülern erarbeitet werden sollen.

35 Intertextuelle Bezüge nutzen

Texte zitieren Texte

„Küssen sich immer noch irgendwo / das Meer, die Erde, der Himmel?" fragt das lyrische Ich in Molla Demirels Gedicht „Mit dem Morgenwind". Es ist kein Zufall, dass der Autor sich dabei an Joseph von Eichendorffs Verse „Es war, als hätt' der Himmel / Die Erde still geküsst" aus „Mondnacht" erinnert, oder? Nein, ganz klar, das ist kein Zufall. Und schon beginnt eine spannende intertextuelle Interpretation, die sofort zwei Fragen provoziert: Gibt es noch weitere zitierte Passagen bei Demirel? Schreibt er ebenfalls ein romantisches Gedicht oder (wie) spielt er mit der Romantik?

Um die Ecke gedacht

Kennen Sie den Roman „Wie der Soldat das Grammofon repariert" von Saša Stanišić? Ein herausragendes Beispiel für die Weiterverarbeitung eines literarischen Stoffes. Der Text kann als Fortschreibung bzw. auch Überschreibung des Romans „Die Brücke über die Drina" von Nobelpreisträger Ivo Andrić gelesen werden, welcher einen Zeitraum von 400 Jahren größtenteils problematischer balkanischer Geschichte am Beispiel der kleinen bosnischen Stadt Višegrad vorführt. Stanišić setzt die Geschichte der Stadt vom jugoslawischen Sezessionskrieg der 90er-Jahre bis in die unmittelbare Gegenwart fort und lotet zugleich die humanisierenden Möglichkeiten des Erzählens gegen die scheinbare Übermacht historischen Geschehens aus.

Stellen Sie den Schülern – auf lange Sicht gesehen – Texte zur Verfügung, die etwas miteinander zu tun haben, weil sie sich gegenseitig aufgreifen, sei es, dass sie sich widersprechen, ergänzen oder variieren. Achten Sie auf Intertextualität wie auch auf Intermedialität (Tipp 3), zum Beispiel die Bezugnahme auf ein Musikstück oder ein Werk der bildenden Kunst in der Literatur. Die Bezüge bieten Deutungsansätze an. Gleichzeitig lassen sie deutlich werden, dass der Text – im besten postmodernen und strukturalistischen Sinne – ein Netz von Beziehungen darstellt, das als Summe vieler Fragmente einen Angebotscharakter für den Leser hat, der an der Sinnkonstruktion bzw. Dekonstruktion beteiligt ist.

› Tipp 3
Auf Intertextualität und Intermedialität achten

SOS-Tipp

Dekonstruktion? Was war das jetzt noch mal? Texte können „sperrig" sein. Nicht jeder Text bildet ein geschlossenes Gefüge, das sich in einem hermeneutischen Prozess entschlüsseln lässt. Da ist es notwendig, die einzelnen Bruchstücke oder Bausteine herauszuarbeiten, zu „isolieren", anstatt sie „mutwillig" in ein Interpretationsgebäude einzufügen.

Produktionsorientiert vorgehen 36

Inzwischen ist es für viele Kollegen zu einer Selbstverständlichkeit geworden: Im Deutschunterricht wird nicht nur durch Textanalyse gedeutet, sondern häufig mithilfe von handlungs- und produktionsorientierten Verfahren. Dabei wird in besonderem Maße die Aktivität der Schüler bei der Sinnkonstruktion (Tipp 35) betont. Die Wurzeln für diesen didaktischen Ansatz liegen in der Rezeptionsästhetik (Einbildungskraft, Leerstellen), dem Konstruktivismus (hier: autobiografische Tätigkeit des Lesers) wie auch der dekonstruktivistischen Literaturtheorie (Widersprüchlichkeiten,

› Tipp 35
Literaturtheoretische Wurzeln

Brüche, stets unabgeschlossener Prozess der Sinnbildung). Das zieht schließlich Konsequenzen für die Schreibdidaktik nach sich (Tipp 42–47).

› Tipp 42–47

Von produktionsorientierter Tätigkeit spricht man immer dann, wenn als Ergebnis der Aktivität des Schülers ein Text oder eine Textvariante entsteht. Indem Sie immer wieder auf produktionsorientierte Verfahren zugreifen, zeigen Sie Ihren Schülern in besonderem Maße, dass Sie deren Perspektive auf literarische Texte ernst nehmen. Zudem erweitern Sie die Auseinandersetzung mit literarischen Texten um sehr ertragreiche Verfahren.

Produktionsorientierte Verfahren (Auswahl)

- ausgelassene Wörter einfügen
- den gleichen Sachverhalt mithilfe einer anderen Textsorte darstellen
- ineinandergeschriebene Texte entflechten
- Kommentarsequenzen in einen Originaltext einfügen
- Versgliederung aus einer Prosaversion herstellen
- eine nur angedeutete Handlung ausbauen
- Aufbauprinzip eines Textes variieren
- einen Gegentext schreiben
- in eine Dialektversion umschreiben
- Text aus seinen eigenen Teilen zusammensetzen
- eine mögliche Vorgeschichte entwerfen
- aus Reizwörtern einen Text verfassen
- an einen anderen Adressaten umschreiben
- Textteile ergänzen oder fortschreiben
- nach einem vorgegebenen Muster einen neuen Text verfassen

37 Handlungsorientiert vorgehen

› Tipp 36

Die handlungsorientierten Verfahren haben im Gegensatz zu den produktionsorientierten (Tipp 36) keinen Text als Aktionsziel, sondern eine andere – künstlerische, körperliche, geräuschhafte, bewegte … – Darbietung oder Darstellung. Auch dabei geht es um die Deutung einer Vorlage, meist eines Textes.

Handlungsorientierte Verfahren (Auswahl)

- eine Szene als Puppenspiel vorführen
- ein Streitgespräch führen
- Vortragsvarianten erproben und immer wieder verändern
- eine Litfaßsäule mit Infos und Bildern zu einem Thema basteln
- eine Textstelle pantomimisch umsetzen
- Mimik und Gestik zu einem Vortrag ausdenken
- passende Musik zu einem Textvortrag auswählen
- Situation als lebendes Bild darstellen
- Bilder zu einem Text malen oder zeichnen
- mögliche Gebärdensprache ausdenken und sich damit ausdrücken
- eine Spannungskurve zu einem Text anfertigen
- einen Text mit Instrumenten vertonen
- abstrakte Begriffe sprechen lassen
- grafische Umarbeitung eines Gedichts vornehmen
- Standbilder zu Kernstellen bauen und variieren

Zu den handlungs- und produktionsorientierten Verfahren gehören in einer Schnittmenge auch die Verfahren der szenischen Interpretation (Tipp 68), die vorwiegend – aber nicht ausschließlich – bei Dramentexten angewendet werden.

› Tipp 68

38 DS-Methoden einbeziehen

In den letzten Jahren bedienen sich Deutschlehrer zunehmend der Verfahren des Faches Darstellendes Spiel (DS), das den Fächerkanon der allgemeinbildenden Schulen als künstlerisches Fach erweitert hat und von den Schülern gerne gewählt wird. Diese Entwicklung ist begrüßenswert, allerdings muss darauf geachtet werden, die „entliehenen" Verfahren auch sachgerecht anzuwenden. Vorwiegend auf kommunikationstheoretischen Wurzeln basierend, strebt das Fach DS eine möglichst ganzheitlich orientierte Persönlichkeitsstärkung der Schüler an. Im Kontext eines weiten Arbeitsspektrums, das keinesfalls auf Theaterspielen reduziert werden darf, gibt es Überschneidungen mit dem hand-

Die Persönlichkeit stärken

lungs- und produktionsorientierten Ansatz des Deutschunterrichts (Tipp 36, 37) sowie den sogenannten szenischen Verfahren (Tipp 68). Darüber hinausgehend greift das Fach Formen des Clown- und Figurentheaters, des modernen Tanzes und verschiedener Schulen der Improvisation und Performance auf.

› Tipp 36, 37
› Tipp 68

Die DS-Arbeitsweise ist intensiv ausgeformt im Hinblick auf Warm-up-Übungen, differenzierte Möglichkeiten der Figurenerschließung und Varianten der Anschlusskommunikation.

Prozessualer Aufbau einer DS-Stunde

Es ergibt sich etwa dieser prozessuale Stundenaufbau (einer Doppelstunde):

- Warm-up (Konzentration, Vertrauen in die Gruppe, Körperbewusstsein, Stimmbildung)
- Übungen zur Hinführung auf das Thema und/oder die Methode
- Anleitung und Umsetzung der Gestaltungsaufgabe
- Präsentation(en)
- Anschlusskommunikation mit Auswertung, gegenseitigem Feedback, gegebenenfalls Methodenreflexion

Gleich mal ausprobieren

Die Abläufe müssen gut vorüberlegt werden. Vielleicht können Sie bei einem Kollegen hospitieren, der die Ausbildung für dieses Fach erworben hat. Kombinieren Sie im ersten Schritt Verfahren der szenischen Interpretation (Tipp 68) mit passenden Warm-Up-Übungen und überlegen Sie sich, wie Sie eine Anschlusskommunikation gestalten können.

› Tipp 68

Um die Ecke gedacht

Sie können „Darstellendes Spiel" mittlerweile an der Universität studieren oder einen Weiterbildungslehrgang besuchen (je nach Bundesland). Eine anschauliche Einführung erhalten Sie durch das im Literaturverzeichnis genannte Lehrwerk von Thomas Herrig und Siegfried Hörner.

Ideologiekritisch sein

39

Wer „spricht" da zu mir? Besonders bei theoretischen Texten ist es wichtig zu klären, von welchem Standpunkt aus der Autor schreibt. Vom Standpunkt eines Buddhisten? Eines Sozialisten? Eines buddhistischen Sozialisten? Eines sozialistischen Buddhisten? Geht das? ... Solche Fragen zu stellen und zu klären hilft dabei, die Argumentation zu verstehen. Erst dann ist ein Abgleich mit anderen Positionen und der eigenen Einschätzung möglich. Sie sind keiner Ideologie verpflichtet, allenfalls dem immer noch lebendigen und auf lange Dauer angelegten „Projekt Aufklärung". Objektivität gibt es nicht. Entwickeln Sie – besonders in der Oberstufe – immer stärker ein Diskursdenken und vertiefen Sie es mit Ihren Schülern, wann immer das möglich ist.

Achtung!

Vermitteln Sie Ihren Schülern, gerade auch bei vordergründig sachlich-logischen Texten, auf Redestrategien und gegebenenfalls manipulative Anteile zu achten (Tipp 27).

› Tipp 27

Auf Texte verzichten?

40

Muss es eigentlich immer ein Text sein? Nein. Und wenn es nun doch ein Text sein soll, dann seien Sie sich bewusst:

- Ein Text ist nur ein Text – also der Versuch, die Wirklichkeit auf seine Art zu spiegeln.
- Ein Text ist immerhin ein Text – also eine Vorstellung von der Wirklichkeit bzw. eines Teils von ihr.
- Der Text steht vielleicht im Lehrbuch, aber er muss deswegen nicht unbedingt auch eine gewinnbringende Anschlussmöglichkeit der Textinhalte an den Schülerhorizont geben.
- Der Text muss erschlossen werden, aber: Textanalyse darf nie Selbstzweck sein.

- Der Text als Dokument: Ja, Aussagen über Texte sollen immer wieder am Text überprüft werden.
- Jeder Text enthält im Prinzip seine eigenen Leseranweisungen (Tipp 30).

› Tipp 30

Alternativen zum Text

Und, wie gesagt: Sie müssen nicht immer mit Texten arbeiten. Alternativen könnten sein: ein Hörbuch, ein Radio-Feature, ein Funkkolleg ...

Schreiben dosieren

41

„Wie viel müssen wir schreiben?" Diese häufig gestellte Frage nervt wohl jeden Deutschlehrer. Schließlich geht es nicht darum, dass eine bestimmte Wörterquantität umgesetzt werden soll, sondern dass funktional oder stilistisch ausgerichtete Schreibübungen geleistet werden. Im Schulalltag lässt sich nicht selten beobachten, dass ganze Aufsätze geschrieben, aber nicht ausgiebig besprochen werden können. Daher ist es sinnvoll, kleinere Einheiten (Teile von Texten) ausarbeiten zu lassen: passende Einleitungen, Begründungen einzelner Argumente, innere Monologe zur Erschließung einer Leerstelle im Text oder kurze Gesprächsszenen, die in einen erzählenden Text eingelagert werden können.

Sich auf kürzere Schreibphasen beschränken

Die Beschränkung auf kürzere Schreibphasen ermöglicht gleichzeitig eine bewusstere und damit intensivere Ausgestaltung im Sinne eines spezifischen, auch individuellen Schreibprozesses (Tipp 44). In diesem Zusammenhang lassen sich Merkmale bestimmter Textsorten gezielt umsetzen (Tipp 31). Verzichten Sie darauf, aus der „Not" heraus – etwa aus eigener Überlastung oder mangelnder Vorbereitungszeit – ausufernde Texte produzieren zu lassen. Die Schüler verlieren die Lust und die Bereitschaft zum Ausformulieren, wenn das nicht in eine auf Entwicklung angelegte Schreibdidaktik eingebettet ist. Selbstverständlich sollen auch umfangreichere Texte verfasst werden, allerdings in ausgewählten Momenten einer Unterrichtseinheit.

› Tipp 44

› Tipp 31

Um die Ecke gedacht

Möchten Sie bei jedem Arztbesuch einen vollständigen Gesundheitscheck durchlaufen? Sicher nicht. Meist genügen gezielte Behandlungen. So darf auch das Schreiben gesehen werden. Eine ausgewählte Passage, die gründlich besprochen werden kann, ist zu bevorzugen.

Geeignete Schreibaufgaben anbieten

42

Alle Texte, die verfasst werden, sollten ihre Bedeutung durch ihre Funktionalität bekommen. Das muss nicht immer ein praktischer Nutzen sein (Wegbeschreibung, Spielanleitung), allerdings sollte im weitesten Sinne eine Zweckhaftigkeit erkennbar werden (deutende Texte, selbstreflektierendes Schreiben; Tipp 46, 47).

› Tipp 46, 47

Stellen Sie sich die folgenden vier Fragen, wenn Sie sich eine Schreibaufgabe überlegen, insbesondere dann, wenn es um informierende Texte geht:

- Beinhaltet die Schreibaufgabe eine Fragestellung, deren Lösung nicht von vornherein gegeben ist?
- Ist klar, zu welchem Anlass geschrieben bzw. an welchen Adressaten der Text gerichtet werden soll?
- Kann der Schüler die konkret auftauchenden sprachlichen Anforderungen bewältigen?
- Lässt die Aufgabenstellung genügend Raum zur eigenständigen Planung des Schreibprozesses?

Um die Ecke gedacht

Ein Kollege schlägt für eine Parallelarbeit (Klasse 10, dialektische Erörterung) folgendes Thema vor: „Ist es sinnvoll, ein Musikinstrument zu lernen?“
Berücksichtigt man oben genannte Fragen, wird deutlich, dass die Formulierung so noch zu unspezifisch ist. Es ist keine authentische Kommunikationssituation gegeben. Folgende Variante wäre besser:

„Julia überlegt, ob sie ein Musikinstrument lernen soll. Sie ist bereits im Handballverein und hat Bedenken, dass das zu viel für sie werden könnte. Sie stellt sich eine Pro-Kontra-Liste zusammen und verfasst auf dieser Basis einen erörternden Brief an ihre Freundin Tabea, weil sich die beiden recht gut kennen und häufig beraten. Aufgabe: Verfasse diesen Brief. Er soll eine vorläufige Entscheidung Julias beinhalten."

43 Sachthemen vorbereiten

„Was soll ich dazu schreiben?" oder „Mit dem Thema kenne ich mich überhaupt nicht aus!" Allzu oft werden die Sachkenntnisse der Schüler überschätzt, wenn etwa der Lehrer auf eines seiner Lieblingsthemen, in denen er sich selbst gut auskennt, zugreifen will – oder wenn er davon ausgeht, ein bestimmtes Thema sei schon in Religion oder Erdkunde behandelt worden. Manchmal wird auch von einzelnen Schülern zu viel erwartet, weil sie als Teil einer Lerngruppe wahrgenommen werden, die insgesamt „viel weiß".

So können Sie diese Schwierigkeit entlasten:

Hilfestellungen zur Einarbeitung in Sachthemen

- Räumen Sie thematische Wahlmöglichkeiten ein, wann immer das möglich ist.
- Stellen Sie Informationsmaterial bereit (Faltblätter, Broschüren etc., die man rasch überblicken kann).
- Lassen Sie vor dem individuellen Schreiben Gruppengespräche zum jeweiligen Thema zu.
- Stellen Sie Wortlisten mit dem entsprechenden Fachwortschatz zur Verfügung.

› Tipp 91–95

Achtung!

Denken Sie an sprachliche und strukturelle Hilfen, die optional genutzt werden können: textsortenspezifische Gliederungsoptionen (auch Bewertungsraster; Tipp 91–95) und Formulierungshilfen.

Schreiben individualisieren

44

Setzen Sie im Hinblick auf eine progressive – und das bedeutet eine individuelle (!) – Schreibentwicklung Ihrer Schüler unterschiedlich komplexe Schreibaufgaben ein. Entscheiden Sie, in welchen Fällen Sie komplette Texte in einem zusammenhängenden Schreibvorgang erstellen lassen (z. B. beim kreativen Schreiben; Tipp 46, 47) und wann Sie (lediglich) Teilprozesse initiieren (z. B. das Ausformulieren eines zentralen Arguments in einem Leserbrief). Eine mittlere Komplexität stellt beispielsweise das Schreiben auf Basis einer vorhandenen Gliederung dar. Hierbei könnte eine variable Anzahl an Gliederungspunkten bearbeitet werden, je nach Differenzierungsnotwendigkeit bei einzelnen Schülern.

› Tipp 46, 47

Generell sollten Sie bedenken: Indem Sie auf allzu umfassende Schreibvorhaben verzichten (Tipp 41), gewinnen Ihre Schüler Raum für vertiefende Spracharbeit an einzelnen Textbausteinen. Prüfen Sie also stets die Möglichkeit, Schreiben als „aktivitätszerlegenden" Prozess (Ortner 2000) zu organisieren, um dem Kompetenzstand der einzelnen Schüler Rechnung zu tragen. Entsprechend sollten Unterrichtsstunden immer wieder „schreibwerkstattartig" ablaufen.

› Tipp 41

Texte überarbeiten lassen

45

Schreiben als Prozess

Alles ist im Fluss. Auch das Schreiben. Und das ist gut so. Fördern Sie prozessorientiertes Schreiben, wann immer möglich. Vermitteln Sie Ihren Schülern, dass Texte nicht abgeschlossen, sondern veränderbar sind, dass sie notwendigerweise sprachlich optimiert und inhaltlich aktualisiert werden sollten. Für den Einzelnen bedeutet das:

- Texte zu überarbeiten ist ein Gewinn. Das Aufbewahren von Textstufen macht Fortschritte beim Schreiben deutlich.

Tipp 80

- Es ist daher empfehlenswert, immer wieder auch mit dem Computer bzw. Laptop zu arbeiten (Tipp 80) und Texte elektronisch zu erstellen.
- Textrevisionen werden nicht selbstverständlich durchgeführt. Schüler müssen sich an diese Arbeitsweise gewöhnen. Das gelingt nur durch regelmäßige Praxis.
- Zwischen Schreiben und Revidieren muss eine zeitliche Differenz liegen, wenigstens zwei Tage.

Empfehlenswert ist das Überarbeiten in Partner- oder Gruppenarbeit, da Mängel oder Widersprüche eher in den Texten der anderen wahrgenommen werden als in den eigenen. Methodische Möglichkeiten (Steets 2007):

Schreibkonferenz

- **Schreibkonferenz**: In einer Schreibkonferenz lesen sich etwa vier Schüler gegenseitig ihre Texte vor und beraten sich. Die Textwirkung kann hier unmittelbar erprobt werden. Eine konstruktive Feedbackkultur ist wichtige Voraussetzung; sie muss daher immer wieder mit den Schülern geübt werden. Checklisten können den Prozess unterstützen. Diese sind je nach Arbeitsschwerpunkten ausgerichtet und können folgende Fragen beinhalten:
  - Hat der Text einen passenden Titel?
  - Sind die Inhalte sachlich richtig?
  - Müssen einzelne Passagen ausgebaut oder gestrichen werden?
  - Ist der Stil konsequent durchgehalten?
  - Wurden treffende Prädikate verwendet?
  - Enthält der Text genügend präzisierende Attribute?

Textlupe

- **Textlupe**: Die Methode der Textlupe variiert die Schreibkonferenz im Sinne einer primär schriftlichen Rückmeldung. Sie eignet sich besonders für Schüler der Orientierungsstufe, die sich oftmals noch nicht ad hoc die Vorschläge der Mitschüler notieren können. Auch hier wird zu viert gearbeitet. Jeder Schüler erhält auf einem Bogen die schriftlichen Anmerkungen von drei Mitschülern, die seinen Text lesen. Was genau – durch die „Lupe“ – beobachtet wird, kann nach Bedarf festgelegt werden. Das folgende Beispiel stellt ein Grundmuster dar:

Text von	Das ist dir gut gelungen	Mir fällt auf ... Ich verstehe nicht ...	Meine Vorschläge für dich
Ellen	*Darstellung der Nebenfiguren*	– *Einleitung fehlt* – *logischer Bruch nach der ersten Begegnung*	*Gestalte die Situation am See genauer aus (Gefühle darstellen)*
Lukas	...	...	...
Alwin	...	...	...

Gleich mal ausprobieren

Wenn Sie bisher noch keine redaktionelle Gruppenarbeit erprobt haben, können Sie trotzdem direkt damit beginnen. Entwerfen Sie für die nächste Hausaufgabe, die Sie als Textproduktion stellen, gleich eine kleine Checkliste dazu (vier Fragen genügen), mithilfe derer die Schüler in eine mündliche Auswertung gehen können.

46 Kreatives Schreiben anleiten

„Ich kann nicht auf Kommando kreativ sein!" Diesen Einwand von Schülern hört man immer wieder. Er ist dann berechtigt, wenn das kreative Schreiben „vom Himmel fallen soll", wenn es nicht angeleitet wird oder einfach „irgendwie" die Zeit füllen soll. Kreativität auf Knopfdruck zu verlangen ist fatal: Anstatt die Schüler zum Schreiben zu animieren, treibt man ihnen die Freude daran aus. Dagegen steht aber das durchaus hohe Ziel, durch kreative Prozesse die Schreibfähigkeit auszubilden und schließlich auch einen Beitrag zur Persönlichkeitsentwicklung zu leisten. Denn wenn wir davon ausgehen, dass Schreiben nicht nur die handwerkliche Weiterverarbeitung von Gedanken darstellt, sondern dass sich bestimmte gedankliche Verknüpfungen überhaupt erst im Akt des Schreibens herstellen lassen, dann bleibt lediglich die Frage zu klären, wie kreatives

Entwicklung von Gedanken beim Schreiben

Schreiben im Unterricht angeleitet werden sollte. Es müssen Anlässe geschaffen werden, die – jenseits esoterischer und therapeutischer Absichten – einen Einstieg in das Schreiben ermöglichen. Ist der Anfang erst einmal gemacht und liegt gegebenenfalls ein Orientierungsmuster vor, ergeben sich häufig ungeahnte Schreibprodukte, die nicht zuletzt auch den Schreiber selbst eine neue Facette an sich erleben lassen.

Achtung!

Unterscheiden Sie folgende Begriffe bzw. Verfahren:

Kreatives Schreiben

- angeleiteter Vorgang, der Zugänge zum Schreiben schafft
- kreative Prozesse werden ausgelöst, indem der Schwerpunkt auf den subjektiven Ausdruck der Schüler gelegt wird (Fantasie, Gestaltungskraft)
- ganzheitliche Tätigkeit (Verbindung von Emotion mit dem überwiegend rational-kognitiven Charakter von Sprache)
- kreative „Stufen“: Irritation, Imagination, Expression

Freies Schreiben

- Nicht angeleiteter Vorgang: Der Schreibende entscheidet selbst, wann, worüber, in welcher Form er schreibt.
- In dieser extremen Form ist freies Schreiben in der Schule kaum realisierbar.

› Tipp 36

Produktiver Umgang mit Texten (Tipp 36)

- Kreatives Schreiben *kann* produktiver Umgang mit Literatur sein: Kreatives Schreiben zielt auf eine Entwicklung des Schreibenden selbst; ggf. kann er durch Schreiben in literarischen Formen seine Kreativität erfahren.
- Produktiver Umgang mit Literatur ist vorrangig als Interpretationsleistung zu sehen, also darauf gerichtet, durch eigenes Schreiben einen literarischen Text besser zu verstehen, wobei die Kreativität des Schreibenden eher ein Nebeneffekt ist.

47

Tipp 46

Kreatives Schreiben (Tipp 46) bedarf einer gestuften Herangehensweise. Für den Unterricht eignet sich eine Hinführung, bei der zunächst stärkere Vorgaben gemacht werden, um den Einstieg zu erleichtern. Der „Kreativitätsanspruch" wird anfangs also eher gering gehalten, freiere Formen werden erst anschließend angeboten. Nehmen Sie sich mehrere Stunden am Stück Zeit und leiten Sie einen „Kurs" im Unterricht an, der etwa so aufgebaut sein kann:

Kursaufbau zum kreativen Schreiben

1. Multiple-Choice-Gedicht (mit Textstellenvarianten zum Auswählen)
2. Lückentext-Gedicht
3. Elfchen
4. Haiku/geschmolzenes Haiku
5. Chinesisches Wortgitter
6. Fortführung eines Gedichtanfangs
7. Gedichtmontage/geklebtes Gedicht
8. In ein Bild schreiben/kleben
9. Verfremdung/Parodie eines bekannten Gedichts
10. Schreiben ohne Vorgaben zu einem Thema oder einer Bildvorlage

Nutzen Sie auch hier die Chancen textredaktionellen Arbeitens im Rahmen einer Schreibkonferenz (Tipp 45). Lassen Sie die Produkte immer wieder präsentieren, sei es durch Vortrag oder in Form einer Ausstellung.

Tipp 45

Achtung!

Seien Sie sensibel im Umgang mit persönlichen Texten, die immer wieder entstehen, und zwingen Sie in diesen Fällen nicht zur Veröffentlichung.

Gleich mal ausprobieren

Sie möchten gerne eine Arbeitsgemeinschaft anbieten und suchen schon länger nach einer Idee dazu? Dann gründen Sie doch eine „AG kreatives Schreiben". Es ist spannend, wenn diese AG jahrgangsübergreifend besetzt ist. Fassen Sie nicht die komplette Bandbreite (Klasse 5 bis 13), sondern höchstens drei Jahrgänge zusammen, sonst wird es organisatorisch schwierig und lässt sich auch inhaltlich kaum vereinbaren. Ergebnisse von Schülern ab Klasse 8 sind in einem Literaturabend präsentierbar. Texte jüngerer Schüler können in einer Broschüre zusammengestellt werden.

Das lyrische Ich entdecken

48

› Tipp 49, 50

Wie an ein Gedicht herangehen? Es gibt viele Ansatzpunkte: die Stimmung erspüren (Tipp 49), semantische Felder sortieren (Tipp 50) – oder aber nach dem sogenannten lyrischen Ich suchen. Dieses Ich, also die fiktive Stimme, nicht der Autor, vermittelt den Text. Es tritt manchmal offen auf, ist Teil des Geschehens, mitunter verbirgt es sich vollständig, lässt an seiner Stimmung nicht teilhaben. Wie auch immer: Das festzustellen eröffnet bereits einen ersten inhaltlichen Zugang wie auch einen Deutungsansatz (Tipp 33). „Meinen Sie Zürich zum Beispiel ...“ schreibt Gottfried Benn in „Reisen“ und spricht damit den Leser im Hinblick auf dessen Reiseerfahrung in Städten an. Erst in der letzten Strophe wird deutlich, dass das lyrische Ich auf universalisierbare Gefühle abzielt, die von vielen geteilt werden, sodass die Sie-Anrede bereits durchgängig als Ich-Ausdruck gedeutet werden kann. Sie merken, dass hierin schon ein tiefer Zugang zum Gedicht liegt.

› Tipp 33

Achtung!

Das lyrische Ich ist selten „nur“ ein Repräsentant oder Stimmungsträger, es zeigt sich oft reflektierend und darin auch veränderbar. Loten Sie mit Ihren Schülern aus, inwiefern es beim Leser Antworten herausfordert.

Stimmungen und Räume erfassen

49

„Bedecke deinen Himmel, Zeus,
Mit Wolkendunst!
Und übe, Knaben gleich,
Der Disteln köpft,
An Eichen dich und Bergeshöhn!
Musst mir meine Erde
Doch lassen stehn,
Und meine Hütte,
Die du nicht gebaut,
Und meinen Herd,
Um dessen Glut
Du mich beneidest. (…)“
von Goethe, Prometheus, 1. Strophe

Mutig! Prometheus, Freund und Feuerbringer der Menschen, lehnt sich – als Titan – gegen den Chef der Götter auf! Er spricht Zeus imperativisch an. Das setzt Maßstäbe: Anweisung an einen Gott („Bedecke“), Abgrenzung („deinen Himmel“ – „meine Erde“), Vergleich mit einem Unmündigen („Knaben gleich“). Die Stimmung ist eindeutig auf kompromisslose Konfrontation ausgerichtet, und der weitere Verlauf des Gedichts bestätigt und steigert das noch.

Stimmung erfassen

Lyrische Texte transportieren Stimmungen. Das ist ein besonderer Anspruch und eine besondere Möglichkeit dieser Gattung, in ihrer verdichteten Sprache. Wenn Schüler das lyrische Ich identifiziert (Tipp 48) und die Stimmung erfasst haben, ist schon viel erreicht.

› Tipp 48

Gedichtraum abstecken

Eine weitere Möglichkeit, sich dem Gedicht anzunähern, ist das Abstecken des Gedichtraums. Manchmal bietet sich diese Chance. Dann wird der lyrische Text in besonderem Maß vorstellbar und die Stimmung lässt sich verorten. Im Falle des „Prometheus“ lässt sich zunächst eine klare Aufteilung ausmachen: Das lyrische Ich grenzt den himmlischen vom irdischen Bereich ab. Insofern ist der Gedichtraum direkt kosmisch fassbar. Innerhalb des irdischen Bereichs konzentriert sich die Kraft Prometheus’ schließlich mikrokosmisch in der „Glut“. Die Wiederholung des Possessivpronomens „mein“ bindet die räumliche Dimension an das lyrische Ich und dessen Willen zurück, sich im Sinne des Sturm und Drang radikal zu behaupten.

Der Gedichtraum am Beispiel „Prometheus“

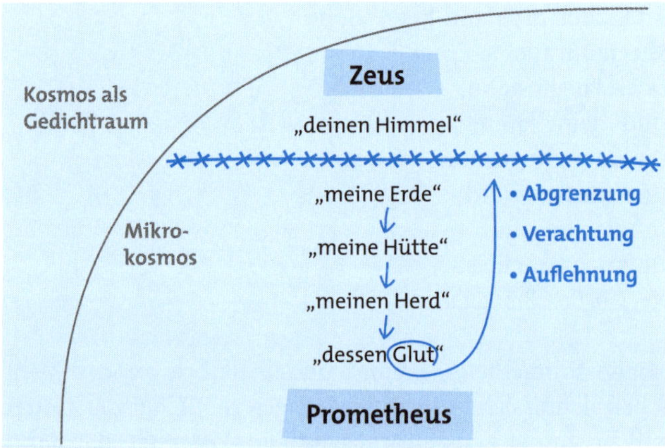

Gleich mal ausprobieren

Versuchen Sie in Ihrer Ausarbeitung des nächsten Gedichts für den Unterricht den Gedichtraum auszuloten und zu skizzieren. Sie werden merken, dass Sie automatisch ein Tafelbild erstellen.

Semantisieren

50

Gedichte leben von thematischen Feldern und Bildern. Ingeborg Bachmann verwendet gerne Begriffe und Bilder aus dem Bereich der Seefahrt. Der „Hafen“ kann dabei „Heimat“ bedeuten, in einem anderen Kontext aber auch den Hafen eines noch fremden Landes meinen. Schon zur Zeit des Barocks findet man den „Hafen“ in lyrischen Texten: Hier allerdings mit einer anderen Bedeutung: Das Lebensende bzw. das Ankommen bei Gott.

Das Beispiel zeigt, wie reizvoll es ist, Teilthemen und Bilder aufzusuchen und zu deuten. Sie stellen eine Verschlüsselung von Texten dar; man kann es aber auch so formulieren: Sie lassen einen Gedichttext zur Poesie werden, sie sorgen für die Lebendigkeit und Aussagekraft eines Textes. Die Bildsprache verdient darum im Deutschunterricht besondere Aufmerksamkeit.

Teilthemen und Bilder aufsuchen

Als konkrete Herangehensweise im Rahmen einer Gedichtanalyse könnte ein Arbeitsauftrag also lauten: „Suche Bilder und thematische Bereiche aus dem Gedicht heraus und ordne sie." Eine solche Sortierung nennt man „Semantisierung". Es ist besonders spannend zu beobachten, ob die Themen auch untereinander vernetzt sind. Der große Vorteil der Semantisierung besteht darin, dass inhaltliche Schwerpunkte im Gedicht deutlich werden und dass in der Folge nicht jedes einzelne Bild für sich, sondern im Kontext des Bildbereichs gedeutet werden kann. Insofern gewinnen die Schüler auch ein Stück Deutungssicherheit. Dabei müssen die unterschiedlichen Formen der Bildhaftigkeit bekannt sein bzw. rechtzeitig im Unterricht erarbeitet werden (Tipp 51, 52).

› Tipp 51, 52

Um die Ecke gedacht

Als Beispiel für die Vernetzung verschiedener thematischer Felder mag Sarah Kirschs Text „Schöner See Wasseraug" dienen: Bereits in der Überschrift wird die Kombination der Natur („See") mit einem Sinnesorgan („Auge") erkennbar, was sich im Text weiter fortsetzt: „spähe durch Gras und Wimpern" heißt es in Vers 2, wobei der See durch die Seelandschaft („Gras") und die Augen durch die „Wimpern" aufgegriffen werden. Weitere Bereiche kommen im Laufe des Textes hinzu.

Gleich mal ausprobieren

Für die Arbeit im Unterricht und in Klassenarbeiten empfiehlt sich folgende Vorgehensweise:

- Aufsuchen von unterschiedlichen Begriffsbereichen

- unterschiedliche Farbmarkierung aller Begriffe, die einem jeweiligen Bereich zugeordnet werden können
- Doppelmarkierung bei Überschneidungen (Zugehörigkeit zu mehreren Bereichen)
- Teildeutung: Welche Aussage lässt sich treffen?

51 Symbol und Allegorie unterscheiden

› Tipp 52

Es lässt sich immer wieder beobachten, dass sprachliche Bilder vorschnell als Symbole (oder als Metapher; Tipp 52) bezeichnet werden. Hier muss jedoch genau differenziert werden.

Symbol

Das Symbol (griech. *sýmbolon* = Erkennungszeichen) stellt ein meist einfaches grafisches Bild dar und steht für eine Organisation, einen Verein, eine abstrakte Idee oder verweist auf etwas allgemein Bekanntes. So symbolisiert ein Kreuz das Christentum, aber auch den Tod, Hammer und Sichel stehen historisch für die Ideologie des Kommunismus, Mann und Frau nebeneinander gestellt verweisen in öffentlichen Räumen häufig auf eine WC-Anlage, ein Ring oder auch zwei übereinander abgebildete Ringe gelten als Zeichen für die Ehe. Neben den bekannten, alltäglichen Symbolen lassen sich in der kulturgeschichtlichen Entwicklung komplexere, „aufgeladene" bzw. mehrdeutige Symbole ausmachen. Benutzen Sie zu deren Erschließung mit Ihren Schülern Symbolwörterbücher, zum Beispiel das bekannte „Wörterbuch der Symbolik" von Manfred Lurker.

Allegorie

Auch bei der Allegorie (griech. *allegorein* = anders reden, bildlich reden) geht es um die Veranschaulichung einer abstrakten Idee, daher sind Symbol und Allegorie nicht leicht zu unterscheiden. Meist werden Wertvorstellungen allegorisch dargestellt, beispielsweise „Gerechtigkeit" als Göttin Justitia mit Waage oder „Liebe" als Gott Amor mit Pfeil und Bogen. Allegorien tauchen meist in personifizierter Darstellung auf, was als Unterscheidungskriterium zum Symbol sehr „unterrichtstauglich" ist.

Um die Ecke gedacht

Dieselben abstrakten Begriffe lassen sich sowohl allegorisch wie auch symbolhaft zum Ausdruck bringen. „Liebe“ wird durch das Symbol des Herzens symbolisiert oder durch den Gott Amor personhaft in eine Allegorie gefasst. „Tod“ kann mit dem Symbol des Kreuzes veranschaulicht werden, aber auch die Allegorie des Sensenmannes wäre eine bildhafte Ausdrucksweise. Schwierig wird es bei der Einschätzung eines „Totenschädels“: Je nach Darstellungsweise muss entschieden werden, ob eher von einem Symbol oder eher von einer Allegorie gesprochen werden kann.

Vergleich und Metapher einführen

52

› Tipp 51

Metapher

Ähnlich wie der Begriff „Symbol“ (Tipp 51) wird auch „Metapher“ allzu oft für Bilder verwendet, obwohl sie keine Symbole sind. Bei der Metapher kommt es ganz wesentlich darauf an, dass eine Bedeutungsübertragung stattfindet (griech. *meta-phoréō* = transportieren, hinübertragen). Wenn ein Mensch als „Bär“ bezeichnet wird, dann ist er stark, vielleicht auch groß und kräftig. Hier liegt eine Übertragung vor, nämlich aus der Tierwelt auf den Menschen. Das lässt sich so darstellen:

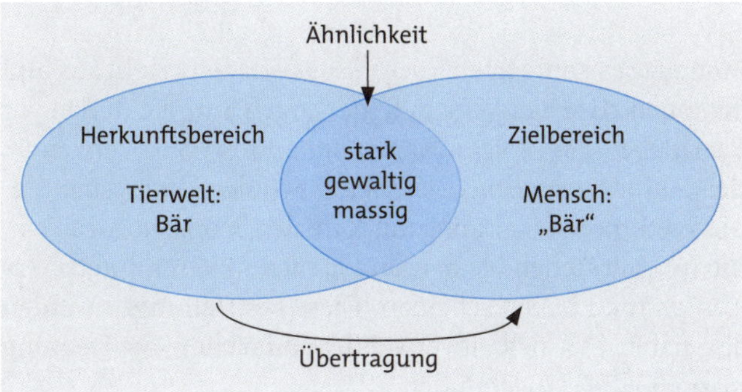

› Tipp 22

Metaphern tauchen häufig als Komposita auf (Tipp 22). So kann der Begriff „Nussschale" für ein kleines Boot stehen. Gemeinsame Merkmale sind Form (ausgehöhlt) und Materialeigenschaft (schwimmfähig), Herkunftsbereich ist „Obst" (ja, Nüsse werden als „Früchte" klassifiziert), die neue Bedeutung liegt im Bereich „Wasserfahrzeug". Die Übertragung ist also eindeutig erkennbar.

Achtung!

Verwenden Sie bei der Einführung der Metapher im Unterricht die Darstellungsform der Schnittmenge, um deutlich zu zeigen, dass es auf die Übertragung von einem Herkunfts- in einen neuen Bereich ankommt und dass ein gemeinsames Merkmal vorliegen muss.

Vergleich

Metaphern gehen häufig aus Vergleichen hervor bzw. ähneln diesen, kommen aber ohne ein Vergleichswort (als, wie, so) aus. „Er ist stark wie ein Bär" (Vergleich) legt direkt offen, was gemeint ist. Daher sind Vergleiche als Formen bildhafter Sprache unmittelbar erkennbar und sollten vor der Metapher im Unterricht eingeführt werden. Die Metapher wird im Anschluss daran als „verkürzter Vergleich" („Er ist ein Bär.") erklärt und in ihren Erscheinungsformen thematisiert.

Funktion formaler Merkmale suchen

53

Man mag es kaum noch lesen: „Das Gedicht besteht aus fünf Strophen zu je vier Versen. In der ersten Strophe finden wir Paarreime, dann folgen Kreuzreime. Außerdem verwendet der Autor sechshebige Jamben." Schüler leiten eine Gedichtinterpretation häufig mit formalen Beobachtungen ein, die für sich stehen bleiben und keinen weiteren Interpretationswert zu haben scheinen. Diese Feststellungen werden also nahezu formelhaft verwendet und nicht in die Deutung (Tipp 33, 34) eingebunden.

Interpretationswert beachten

› Tipp 33, 34

Entscheidend ist deshalb, dass schon bei der Einführung solcher formalen Merkmale in der Orientierungsstufe darauf geachtet wird, welche funktionale Bedeutung in ihnen steckt. Machen Sie Ihren Schülern Mut, auf das Formale nur dann einzugehen, wenn auch eine inhaltliche Bezugnahme damit verbunden werden kann.

Unregelmäßigkeiten prüfen

Betrachten Sie vorrangig solche Fälle, bei denen das Formale nicht als regelmäßiges Phänomen auftaucht, sondern durchbrochen wird. Solange ein Fluss geregelt in seinem Flussbett fließt, scheint alles im Gleichgewicht. Wenn die Regelmäßigkeit durchbrochen wird, wenn der Fluss über die Ufer tritt, bündelt sich die Aufmerksamkeit bzw. entsteht Handlungsbedarf. Gottfried August Bürger beispielsweise durchbricht in seinem programmatischen Text „Der Bauer. An Seinen durchlauchtigsten Tyrannen" das bis zur letzten Strophe durchgängig jambisch gestaltete Metrum und verlässt gerade dann die Regelmäßigkeit, als es zur offenen Anklage an die Fürstenwillkür kommt: „Ha! du wärst Obrigkeit von Gott? / Gott spendet Segen aus; du raubst!"

54 Vortragspartitur entwerfen lassen

Zwar lassen sich Gedichte durchaus still lesend genießen – dennoch ist bei solchen Texten der „Lautwert", das Aussprechen vorgesehen bzw. konstitutiv für das Lyrische, vielleicht sogar Singbare. Viele Gedichte entfalten ihre Wirkung und ihren Reiz erst im gestalteten Vortrag (weitere Möglichkeit: Tipp 55). Besonders im Bereich der politischen Lyrik (öffentlich dargebotene Satire, appellative Texte) ist eine hörbare Präsentation bedeutsam.

› Tipp 55

Kriterien für gestalteten Vortrag

Die Kriterien für einen gestaltenden Vortrag mit gezieltem Einsatz der Stimme können teilweise aus der Musik „geliehen" werden. Dabei handelt es sich sowohl um Zeichen als auch um Fachbegriffe (meist in Form von Abkürzungen). Die im Folgenden aufgelisteten Zeichen werden direkt in die Texte notiert, meist über die Verse bzw. Silben.

Zeichen und Abkürzungen für die Vortragspartitur

- **Lautstärke:** von leise (piano, Abkürzung: p) über mittellaut (mezzoforte, Abkürzung: mf) bis zu laut (forte, Abkürzung: f)
- **Entwickelnde Lautstärke:** lauter werden (crescendo, Abkürzung: <), leiser werden (decrescendo, Abkürzung: >)
- **Tempo** (Sprechtempo): langsam (lento), gemäßigt (moderato), schnell (allegro)
- **Entwickelndes Tempo:** langsamer werden (ritardando, Abkürzung: rit.), schneller werden (accelerando, Abkürzung: acc.)
- **Pausen:** Pausenzeichen werden nicht aus der Musiksprache übernommen, weil es dort unterschiedliche Pausenzeichen (Pausenwerte) gibt. Kleine Pausen werden mit einem Strich (I), längere Pausen mit zwei Strichen (II) notiert.
- **Betonung:** wird im Unterschied zur Musik durch Unterstreichung von Begriffen oder Silben gekennzeichnet
- **Zeilensprung:** gekippter Pfeil am Ende des Verses: ↘

Achtung!

Achten Sie darauf, dass Sie kopierte Texte mit deutlichem Zeilenabstand herausgeben, damit die Schüler Platz zum Notieren haben und auf der Basis einer übersichtlichen Partitur ihren Vortrag üben können.

55 Akustisches Interpretieren anregen

› Tipp 54

Bei der Präsentation von Lyrik mithilfe einer Vortragspartitur (Tipp 54) geht es um den Text als Ganzes und um dessen bewusste Wiedergabe. Beim Gedichtvortrag unter Einsatz von Musikinstrumenten bzw. unter Einbezug von Geräuschen hingegen kann der Text verändert (gekürzt, wiederholt …) werden. Die „akustische Interpretation" steht im

Kontext eines handlungs- und produktionsorientierten Literaturunterrichts (Tipp 36, 37).

›Tipp 36, 37

Die Gedichtpräsentation erfolgt hierbei in Gruppenarbeit (ca. vier Personen) als Synthese aus „Soundscape" und bewusst gesetzten Klangelementen. Der Begriff „Soundscape" (Kunstwort, abgeleitet von engl. sound + landscape = Klanglandschaft) bezeichnet die akustische Hülle, die an bestimmten Schauplätzen herrscht (real oder, übertragen auf Texte: gefühlt, verbal erzeugt). In der Gruppe werden zunächst Vorüberlegungen getroffen (Wirkung des Gedichts, Thema bzw. thematische Einzelstränge) sowie Deutungshypothesen aufgestellt. Bei der anschließenden Annäherung an die Dimension von Klang und Raum können sich die Schüler an folgenden Fragen orientieren:

Akustische Hülle: Soundscape

Erarbeitungsimpulse

- Welche Atmosphäre herrscht im Text vor?
- Welche Schauplätze werden evoziert oder inszeniert?
- Sind bereits Klänge, Geräusche, Lautstärken, Stillephasen im Text direkt angelegt oder gestaltet?
- Mit welchen Gegenständen/Instrumenten können Klänge/Geräusche erzeugt werden? An welchen Stellen?
- Welcher Anteil soll dem Text zukommen? Wird Text ersetzt oder lediglich ergänzt? Gibt es einen Grundrhythmus/ständigen Begleitrhythmus?
- Wie wird die Stimme eingesetzt? (Textvortrag, Geräusche, Betonung etc.)
- Welche Ideen sollen festgehalten bzw. auf jeden Fall umgesetzt werden?

Der anschließende spielerische Interpretationsprozess mit Proben (sprechen, singen, spielen, improvisieren, Klangwirkungen testen usw.) und Rollenverteilung mündet in die gemeinsame Erstellung einer Textpartitur bzw. dem Einfügen von Zeichen in den Text. Die Schüler lernen eventuell den Text auswendig (Tipp 56), proben ihren Vortrag und präsentieren ihn dann vor der Klasse. Zum Abschluss findet eine gemeinsame Reflexion statt, bei der die Zuschauer ihre Eindrücke beschreiben, der Entstehungsprozess diskutiert wird und die Deutung des Textes bzw. der Elemente erfolgt.

›Tipp 56

Mögliche „Endprodukte“ bei akustischer Interpretation

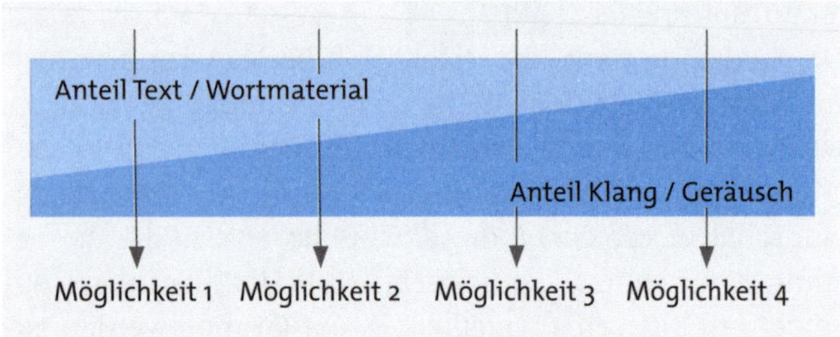

Gedichte auswendig lernen lassen?

56

› Tipp 54
› Tipp 55

Die Ausarbeitung von Gedichtpräsentationen mithilfe einer Vortragspartitur (Tipp 54) oder als akustische Interpretation (Tipp 55) legt die Tradition des Auswendiglernens von Gedichten, über die immer wieder diskutiert wird, nahe. Manche Länderlehrpläne verlangen, dass pro Schuljahr drei Gedichte im Fach Deutsch auswendig gelernt werden müssen. Kontroversen, auch unter den Lehrern, sind damit vorprogrammiert. Problematisch ist diese Forderung allein schon, weil – und das sei hier (fast) vorwurfsfrei gesagt – viele Lehrer selbst keine oder nur sehr wenige Gedichte aufsagen können. Das ist ein echtes Dilemma.

Ungeachtet der immer wieder einmal aufflammenden pädagogischen Diskussion um Verständnislernen contra Auswendiglernen ist es ein besonderes Erlebnis, wenn man einem gelungenen Gedichtvortrag lauschen kann. Außerdem stellt der Textvortrag mit Blick auf die Zuhörer statt aufs Papier auch für den Vortragenden eine persönlichkeitsbildende Situation dar, bei der es ihm meist gelingt, Mimik und Gestik unterstützend zu aktivieren und die Intonation intensiver umzusetzen. Dass ganz nebenbei auch literarische Sprachmuster verinnerlicht werden, sollte nicht unterschätzt werden. In anderen, nicht geplanten kommunikativen Situationen werden entsprechende Zitate oder Strophen bereichernd sein.

Gedichtvortrag als besonderes Erlebnis

Literarische Sprachmuster verinnerlichen

Die Motivation Ihrer Schüler wird beim Auswendiglernen größer sein, wenn Sie sie aus einem Pool von Gedichten diejenigen zum Lernen auswählen lassen, die ihnen am besten gefallen. Schicken Sie Ihre Schüler auch selbst auf die Suche nach „guten" Texten.

Geben Sie den Schülern Tipps, wie sie beim Auswendiglernen vorgehen können. So helfen beispielsweise entsprechende Mnemotechniken wie das „Kopfkino": Man denke sich einen Film aus, der aus dem Inhalt des Gedichts gedreht wurde und den man innerlich ablaufen lassen kann. Der Film enthält neben den Personen auch Vorstellungen von der Umgebung, der Atmosphäre, den möglichen Geräuschen.

Mnemotechniken anbieten

Um die Ecke gedacht

Besonders lohnend ist übrigens auch der Vortrag fremdsprachiger Gedichte, gerade wenn man den Inhalt nicht (ganz) versteht. Vielleicht haben Sie Schüler in der Klasse, die bilingual aufgewachsen und bereit sind, ein Gedicht in ihrer zweiten Muttersprache vorzutragen. Die klangliche Komponente als Basis von Lyrik wird hier besonders „ohren"-fällig.

Chancen kurzer Prosa nutzen

57

Sie möchten mit einer neuen Lerngruppe rasch ins Gespräch kommen? Sie wollen dabei mit literarischen Texten beginnen? Dafür eignen sich kurze Prosatexte, die Ihnen durch die Lehrwerke in einer Auswahl aus traditionellen und der Gegenwartsliteratur angehörenden Texte zur Verfügung stehen. Tauchen Sie mit den Schülern unmittelbar und ohne großen organisatorischen Aufwand in diese „Welten" ein und nutzen Sie die Vorteile kurzer Prosa: Sie sind strukturell gesehen eher einfach gestaltet und können als „ganze Texte" überblickt werden. Man kann an ihnen dennoch die Techniken zur Erschließung auch längerer Erzähltexte erarbeiten: Erzählperspektiven (Tipp 59), Figurencharakteristik (Tipp 60), Zeitgestaltung (Tipp 62), Bedeutung der Schauplätze (Tipp 63) und mehr. Somit bereiten Sie Ihre Schüler auch auf das Verstehen umfangreicherer Texte vor: Novelle (Tipp 64) und Roman (Tipp 65).

› Tipp 59
› Tipp 60, 62
› Tipp 63
› Tipp 64, 65

Neben den genannten strukturellen Aspekten bietet Kurzprosa meist folgende Vorzüge:

Vorzüge kurzer Prosa

- Handlungssituationen werden, besonders in der modernen Kurzgeschichte, nicht langwierig aufgebaut. Der Leser wird unmittelbar mit einer Situation konfrontiert und muss sich darin zurechtfinden. Es bleiben von vornherein viele Leerstellen (z. B. die fehlende Vorgeschichte), die Interesse und waches Mitdenken provozieren.
- Damit einhergehend sind meist unterschiedliche Bedeutungsebenen gegeben, die im Unterricht leicht in ein produktives Gespräch oder andere Formen der Erarbeitung münden. Hier eröffnet sich Spielraum für unterschiedlichste Erschließungsmethoden und einen abwechslungsreichen Unterricht.
- Auch moderne Formen kurzer Prosa enthalten Anknüpfungen bzw. Rückbezüge zu traditionellen Formen (Märchen, Parabel), weil mit diesen Gattungen gerne experimentiert wird, gerade wenn es um Vernetzungen zwischen Realismus und Fiktion, Geschichte und Gegenwart, Erwartbarem und Überraschendem geht.
- Die Attraktivität kurzer Prosa lässt sich auch für den Bereich der Leseförderung nutzbar machen (Tipp 7–9).

› Tipp 7–9

Um die Ecke gedacht

Es gibt auch „Kürzestgeschichten“. Sie eignen sich sehr gut zum produktionsorientierten Arbeiten (Ausgestalten von Momentaufnahmen) im Rahmen einer Schreibwerkstatt.

58 Lektüren strukturiert besprechen

Unterrichtsschritte zur Behandlung einer Ganzschrift

Lesen mit oder ohne Vorgaben		integrativ: schreibdidaktische Vorhaben; passende Aufsatzarten
↓ Wirkungsgespräch + Fragen an den Text		
↓ Themen finden + Arbeitsweise planen		
↓ Textaufbau + Inhaltsklärung		
↓ Erschließung der Figuren		
Hauptfigur	Nebenfiguren	
Figurenkonstellation	Entwicklung der Figuren	
↓ Erzähltechnische Analyse		
Schauplätze	Zeit	
Perspektiven	sprachliche Aspekte	
↓ Motive und ihre Verflechtungen		
↓ Person des Autors und sein Werk		
Biografisches, falls deutungsrelevant oder interessant	weitere Texte des Autors (Ausschnitte, Referate) – breiterer Einblick in das Werk	
↓ Außentexte als Deutungshilfe		
literaturtheoretische Texte, Texte zur Rezeptionsgeschichte	Kommentare, Rezensionen, Leserbriefe, Quellen zur historischen Situation	
↓ Vertiefung nach Interessenlage bzw. Unterrichtsverlauf		
↓ Deutung bzw. Deutungen als Bilanz		
Reflexion der Unterrichtseinheit		

In der Regel wird ein Text komplett gelesen, bevor dessen Besprechung im Unterricht beginnt. Das hat den Vorteil, dass zunächst ein natürlicher, ungesteuerter Leseprozess stattfindet und jeder Schüler seine eigenen Erfahrungen mit dem Text sammelt. Bei schwierigeren Texten kann als Einstiegshilfe eine Einführungsstunde oder das gemeinsame Lesen des Lektüreanfangs vorausgehen. Ein begleitendes Lesetagebuch ist sinnvoll, spezifizierende Arbeitsaufträge sollten hingegen eher die Ausnahme sein. Manchmal ist ein Lesekontrolltest ratsam (Tipp 97).

› Tipp 97

59 Erzählperspektiven demonstrieren

Der Reiz vieler Texte liegt in ihrer Darbietung durch den Erzähler. Dieser kann – je nach Anlage – Informationen aussparen, den Leser auf falsche Fährten führen, zum Mitdenken animieren oder sogar ansprechen. Entsprechend der Gestaltung des Erzählers gewinnt das dargestellte Geschehen eine bestimmte „Färbung" und beeinflusst auch die Haltung des Lesers, besonders bei der Einschätzung der Figuren (Tipp 60). Deshalb muss die Rolle des Erzählers unbedingt offengelegt werden. Um die unterschiedlichen Erzählertypen zu unterscheiden, sollten Sie als Lehrer einmal in die unterschiedlichen Erzählerrollen schlüpfen und diese körperlich demonstrieren.

› Tipp 60

Auktorialer Erzähler

- **Den auktorialen Erzähler**, der die uneingeschränkte Außen- und Innensicht der Figuren besitzt, der in die Vergangenheit schauen und Prognosen abgeben kann, der das Denken und Verhalten der Figuren kommentiert, können Sie dadurch vermitteln, dass Sie sich auf einen Tisch oder einen Stuhl stellen und quasi die Vogelperspektive über den gesamten Klassenraum einnehmen. Lesen Sie dazu eine oder mehrere passende Textstellen vor, je nachdem, was Sie gerade behandeln oder was die Schüler vielleicht kennen. Zahlreiche erzählende Texte des 18. und 19. Jahrhunderts sind dafür geeignet.

Personaler Erzähler

- **Den personalen Erzähler**, der die Perspektive (jeweils) einer Textfigur einnimmt, können Sie dadurch veranschaulichen, dass Sie sich hinter einen Schüler stellen und quasi „durch ihn hindurch“ sprechen. Lesen Sie eine passende Textstelle aus der Erzählung vor, die Sie gerade zum Gegenstand haben. Die meisten erzählenden Texte der Gegenwart werden durch eine personale Erzählsituation umgesetzt.

- **Den neutralen Erzähler**, der das Geschehen ohne eigene Beteiligung darbietet, können Sie zeigen, indem Sie sich entweder – am besten bei geöffneter Tür – in den Türrahmen stellen und eine passende Textstelle vortragen oder indem Sie sich dazu auf die Fensterbank setzen. Ziehen Sie die Beine auch auf die Fensterbank hoch, sodass Sie keinen Bodenkontakt haben. Dadurch wird deutlich, dass Sie als Erzähler keinesfalls Teil des Geschehens sind, sondern möglichst unabhängig vermitteln. Einen neutralen Erzähler findet man oft in Texten, die scheinbar objektiv dargeboten werden, deren Inhalt aber so „schlimm“ ist, dass sie „für sich sprechen“. Es können auch Texte „neutral“ geschrieben sein, deren Beurteilung ganz dem Leser überlassen bleiben soll.

Neutraler Erzähler

SOS-Tipp

In vielen Gegenwartstexten kann keine durchgängig einheitliche Erzählerfigur identifiziert werden. Verwenden Sie dann nicht zu viel Zeit auf müßige Diskussionen. Klären Sie vielmehr, welches Erzählverhalten übergreifend und an Kernstellen erkennbar wird.

Figuren charakterisieren

60

Vielleicht kennen Sie das bekannte Bild „Die Liebenden“ von René Magritte (1928). Es stellt ein sich küssendes Paar dar, allerdings sind die Köpfe der beiden Personen mit Tüchern eingehüllt, sodass die Gesichter – und damit auch die Identitäten der beiden – verdeckt bleiben. Mit wem hat man es als Betrachter – und auch als Leser literarischer Texte – zu tun? Wie werden Figuren durch den Erzähler vermittelt (Tipp 59)? Die Beschäftigung mit den Figuren stellt einen Schwerpunkt bei der Texterschließung dar, gerade auch deshalb, weil hier ein mögliches Identifikations- oder Abstoßungspotenzial liegt.

› Tipp 59

Die folgende Darstellung macht deutlich, worauf bei einer Charakterisierung geachtet werden sollte:

Aspekte der Charakterisierung

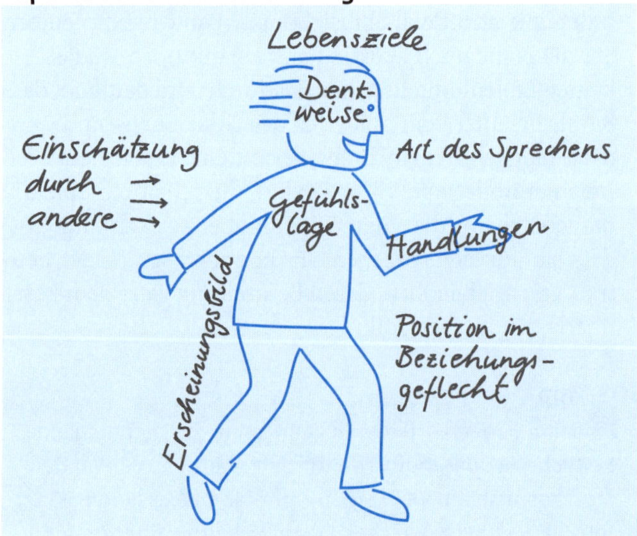

61 Beratungsbox aufstellen

Die „Beratungsbox“ ist eine Methode, um persönliche Stellungnahmen im Anschluss an eine Lektüre zu sammeln und anschließend weiter zu verwerten. Sie kann – muss aber nicht – ein Wirkungsgespräch (Tipp 32) ersetzen. Die Methode eignet sich am ehesten für die Gattung Roman, weil hier der Entwicklungsaspekt der Figuren im Mittelpunkt steht (Tipp 65) und dabei der Aspekt „Beratung“ eine Reflexion dieses Entwicklungsgedankens mit sich bringt.

› Tipp 32
› Tipp 65

Nach der Lektüre eines Romans werden Empfehlungen an die Hauptfigur geschrieben und in die Beratungsbox gelegt. Die beratenden Stellungnahmen beziehen sich auf das Denken bzw. Verhalten der Textfigur(en) und werden in direkter persönlicher Anrede an die Figur(en) formuliert (Du-Form). Mögliche Impulse:

Schreibimpulse zur Einschätzung der Figuren

- Welche Eigenschaften der Figur X sind auffällig und machen ihr das Leben schwer?
- An welcher Stelle, warum bzw. wie hast du dich als Leser(in) emotional selbst erlebt? Welche Empfehlung lässt sich daraus für die Figur X ableiten?
- Was hättest du dir als Leser(in) für die Figur X (statt dem gelesenen Text oder zusätzlich) gewünscht?
- Warum lehnst du die Figur X ab? Warum sympathisierst du mit ihr?

Weiterverarbeitung der Ergebnisse

Die in der Beratungsbox gesammelten Stellungnahmen können auf unterschiedliche Weise weiterverarbeitet werden:
- Vorlesen aller Empfehlungen, wirken lassen, offen weiter kommentieren (im Plenum oder in Gruppen)
- Einschätzungen ordnen, bündeln, gewichten und weiterführend kommentieren bzw. Arbeitsschwerpunkte formulieren (Tipp 33), die in der Einheit genauer zu untersuchen sind (besonders im Bereich „Figurengestaltung“, Tipp 60)
- szenisches Verfahren (Tipp 38, 68): Die Empfehlungen an einen Schüler auf dem „heißen Stuhl“ richten, der spontan entgegnet

› Tipp 33
› Tipp 60
› Tipp 38, 68

Im Vergleich zum Wirkungsgespräch kann mit dieser Methode sichergestellt werden, dass alle Schüler sich beteiligen. Durch die Anonymität ist zudem größtmögliche Offenheit gegeben.
Da die beratenden Stellungnahmen schriftlich vorliegen, kann auch im weiteren Verlauf der Unterrichtseinheit immer wieder auf sie zurückgegriffen werden.

62 Dimension Zeit untersuchen

Faszination Zeit! Das Empfinden von Zeit ist ein großes Thema der Philosophie und beschäftigt die Menschen im Alltag. Über Zeit wird viel geredet. Sie vergehe immer schneller, behaupten älter werdende Menschen. Und das Gefühl, dass die Zeit rast, wenn etwas Schönes viel zu rasch wieder vorbei ist, oder dass dagegen in langweiligen Momenten die Zeit nicht vergehen will, kennen auch schon Ihre Schüler. Die Literatur macht sich diese Wahrnehmungen zunutze und versucht, Zeitempfinden sprachlich umzusetzen. Dabei ist zunächst folgende Unterscheidung hilfreich:

Sprachliche Umsetzung des Zeitempfindens

Zeitdeckung	Erzählzeit entspricht der erzählten Zeit d. h.: Leser liest etwa so lange, wie das Geschilderte andauern würde
Zeitraffung	Erzählzeit ist kürzer als die erzählte Zeit Bsp.: Zusammenfassung eines Urlaubstags auf einer Textseite
Zeitdehnung	Erzählzeit dauert länger an als die erzählte Zeit Bsp.: Schilderung vieler Gedanken und Eindrücke, die eigentlich in Sekunden ablaufen

› Tipp 60

Besonders das Phänomen der Zeitdehnung verweist auf intensive Erfahrungen literarischer Figuren (Tipp 60) und sollte im Rahmen einer Deutung auch berücksichtigt werden.

Gleichzeitig ist der Wechsel zwischen Zeitdeckung, Zeitraffung und Zeitdehnung innerhalb desselben Textes beachtenswert. Franz Kafka gelingt das meisterlich in seiner weltberühmten Parabel „Vor dem Gesetz“. Hier ist das Thema Zeit geradezu konstitutiv für die Interpretation.

Achtung!

Folgende Fachbegriffe, die die Zeitgestaltung betreffen, sollten Sie außerdem berücksichtigen: Chronologie, Vorausdeutung, Rückblende, Parallelhandlung, Montage.

Schauplätze sichten

63

Zeit (Tipp 62) und Raum sind häufig aneinander gebunden. Meist findet etwas zu einer bestimmten Zeit an einem bestimmten Ort statt. Man denke an so manche Rituale in Otfried Preußlers „Krabat", zum Beispiel der Unterricht der Gesellen durch den Meister in der unheimlichen „Schwarzen Kammer" oder das Knochenmahlen im „Toten Gang" in der Neumondnacht. Schauplätze in der Literatur sind keine zufällig aufgesuchten Orte. Sie dramatisieren das Geschehen oder lassen es zur Ruhe kommen, sie repräsentieren einzelne Handlungsteile oder den Fortschritt der Handlung, sie gewinnen den Charakter von „Seelenlandschaften", wenn sie die Gemütslage der Figuren spiegeln.

› Tipp 62

Schauplätze sind „Seelenlandschaften"

Beziehen Sie den Aussagewert der literarischen (oder filmischen) Schauplätze in Ihre Deutungsarbeit mit ein. Ein dunkler, geräuschloser Raum lässt ein völlig anderes Erleben zu als eine sonnenbeschienene Wiese mit begleitendem Singen der Vögel. Gleichzeitig kann das scheinbar harmlose Gezwitscher bereits als Vorahnung im Hinblick auf einen Bruch der Idylle wahrgenommen werden.

Besonders Städte werden gerne als Schauplätze gewählt, weil sie facettenreich „aufgebaut" und darstellbar sind sowie rasche atmosphärische Wechsel ermöglichen. Hier liegt auch eine Schnittmenge zum Genre Film (Tipp 77, 78) vor, wo die Darstellung von Städten oder Stadtteilen bereits vor dem Beginn der eigentlichen Handlung eine hohe Aussagekraft besitzt. „Night on Earth" (1991) von Jim Jarmusch ist ein eindrucksvolles Beispiel dafür. Die verschiedenen Taxi-Episoden in den ausgewählten Großstädten (Los Angeles, New York, Paris, Rom, Helsinki) werden konsequent mit Bildern der Stadt eröffnet, bevor Personen ins Spiel kommen. Dabei werden dem Zuschauer – unkommentiert – Klischees dieser Städte angeboten, die durch die Personen im Taxi teils bestätigt, teils durchbrochen werden. Gleichzeitig ist im Kontext Stadt/Taxi ein neuer Entwicklungsschritt für die Figuren angelegt. Hierin tritt ein Teil des Filmkonzepts zutage.

Städte ermöglichen atmosphärische Wechsel

› Tipp 77, 78

Gleich mal ausprobieren

Warum immer beim literarischen Text ansetzen? Zeigen Sie Ihren Schülern Filmanfänge unbekannter Filme (ohne Person) und verbinden Sie damit folgenden Arbeitsauftrag: „Beschreibt den Schauplatz im Film und lasst eine Figur darin auftreten." Die Schüler werden eine passende Korrespondenz herstellen – entweder im Rahmen einer kreativen Schreibaufgabe oder sogar der Antizipation eines Geschehens auf der Grundlage der Atmosphäre des Filmanfangs.

64 Variabilität von Novellen schätzen

Novelle als vielfältige Gattung

Merkmale der Novelle

Zur Gattung der Novelle und ihrer Theorie ist wahrlich schon viel geschrieben worden. Und eine Quintessenz dessen stellt die Erkenntnis dar, dass es keine Gattung in der deutschen bzw. europäischen Literatur gibt, die seit ihrem Bestehen (ca. 1350, Giovanni Boccaccio, Sammlung „Decamerone") so vielfältig ist. Je nach Autor klärt sich die Option, was denn so alles als „unerhörte Begebenheit" (Goethe) betrachtet werden kann, neu. Allein daher widersetzt sich die Zahl und Ausgestaltung der Novellen einer verbindlichen Theoriebildung. Gleichzeitig erweist es sich als äußerst reizvoll, gerade die freie Umsetzung der zentralen Novellenmerkmale in den jeweiligen Texten zu ermitteln: das Dingsymbol, straffe Handlungsführung, Annäherung an das Drama (Aspekte Konflikt, Höhepunkt und Wendepunkt, Dialogisches) und besonders die Idee des Einbrechens von Übernatürlichem in eine scheinbar geordnete Wirklichkeit. Konkret ergibt sich für den Unterricht folgender Vorzug: Die Novelle als überschaubarer erzählender Text (Länge zwischen Erzählung und Roman) ermöglicht eine merkmalsgeleitete Analyse, verlangt aber in jedem Fall neu eine Art „großzügige" Auslegung dieser Novellenmerkmale. Auch Texte, die das Novellenkonzept nur noch als Ausgangspunkt nehmen oder dieses parodieren, gehören dennoch in das variable Gattungsfeld mit hinein, unabhängig davon, wie viele Merkmale noch wiederzufinden sind. Da müssen die Schüler gewichten und begründen. Novellen können daher – in einer Reihe über mehrere Schuljahre hinweg – aneinander abgeglichen werden.

Ein weiterer, grundsätzlicher Vorzug von Novellen sei herausgestellt: Sie nehmen gewissermaßen eine Brückenfunktion ein zwischen der Kinder- und Jugendliteratur (als Jugendroman) hin zur Lektüre von (Erwachsenen-)Romanen (Tipp 65) größeren Umfangs. Gleichzeitig bereiten sie durch ihre strukturelle Nähe zum Drama auch hier das Feld vor und erleichtern Zugänge zum Schauspiel (Tipp 66, 70, 71).

Brückenfunktion der Novelle

› Tipp 65

› Tipp 66, 70, 71

Gleich mal ausprobieren

Nutzen Sie auch in der Schule die Chance zu gattungstheoretischen Abgrenzungen, ohne das Thema zu sehr zu strapazieren. Die Schüler werden schließlich nicht zu Literaturwissenschaftlern ausgebildet! Betrachten Sie die Überlegungen zur Literaturtheorie immer als Möglichkeit, etwas über die Bedeutung der Texte zu erfahren. Hilfreich im Fall der Novelle ist dabei, wenn Sie ein Papier mit den wichtigen Novellenmerkmalen erstellen, das Sie im Laufe der Zeit (z. B. in einem Oberstufenkurs über mehrere Jahre) in derselben Lerngruppe immer wieder heranziehen, um Variationen der Gattung Novelle kontrastiv deutlich zu machen. Damit können Sie (gerade im Hinblick auf die Abiturprüfung) auch bereits abgeschlossene Unterrichtseinheiten kurz aufgreifen und in Erinnerung bringen.

Romane auswählen 65

Warum dicke Romane lesen, wenn es eine große Auswahl an Novellen gibt? Romane sind „welthaltiger", sagt die Literaturdidaktik, der Einblick in fremde Vorstellungen von Wirklichkeit ist auf eine intensivere Art möglich. Man kann die Figuren deutlicher wachsen sehen, sie entwickeln sich lebensgeschichtlich, werden häufig über einen längeren

Figuren entwickeln sich

Zeitraum erzählerisch begleitet. Veränderungsprozesse können in einem umfangreichen erzählenden Text genauer dargestellt werden. Das Orientierungssystem der Figuren wird mit aufgebaut oder ausgeleuchtet. Damit verbunden können Wertfragen bzw. Einstellungen gründlich thematisiert werden. Viele Romane lassen sich in das dehnbare Schema des „Entwicklungsromans" einordnen, womit auch ein mögliches Schwerpunktinteresse für den Deutschunterricht auf dem Tisch liegt: Die Frage der Entwicklung lässt sich exemplarisch thematisieren und verfolgen; Figuren und ihre Lebenswege, Startbedingungen, Beziehungsmuster, Ziele, ihr Umgang mit Erreichtem und mit Niederlagen. Diese intime Einsicht leisten Romane stärker als Novellen und beziehen daraus ihre besondere Berechtigung.

Wertediskussion wird aufgeworfen

Um die Ecke gedacht

Muss eine Romanfigur sich immer entwickeln? Nein. Denken Sie an Grimmelshausens „Simplicissimus" (Barockroman, 1668): Er reist durch die halbe Welt und ist am Ende doch noch der „Gleiche" geblieben, nicht nur weil er „simpel" (von einfacher Natur) ist, sondern weil das barocke Welt- und Menschenbild diese Lösung nahelegt. Aber wie ist es mit der Hauptfigur Frank Lehmann in Sven Regeners Debütroman („Herr Lehmann")? Er will „nur" Bierzapfer sein und ist doch ein recht kluger Typ. In einer generell wachstumsorientierten Gesellschaft scheint man davon auszugehen, dass die Menschen sich allesamt ständig „entwickeln". Was heißt das genau? Welche Bereiche betrifft das? Spannende Fragen für eine differenzierte Auseinandersetzung auf der Basis einer Romanlektüre ...

Achtung!

Sie müssen nicht zwingend Romane auswählen, deren Protagonisten im gleichen Alter sind wie die jugendlichen Leser in der Schule. Es kann gerade besonders reizvoll sein, in biografische Lebensmodelle zu schauen, die noch vor einem liegen.

Auswahlkriterien für Romane im Unterricht

Schwerpunkt	Mögliche Auswahlkriterien
Thematik	– Diagnose der Gegenwart (regionale, gruppenspezifische, berufsspezifische, problembezogene Aspekte) – historische Themen (aus der Gegenwart heraus neu überdacht) – jugendspezifische Themen – Texte mit komparatistischem Potenzial zu anderen Texten auf der Basis von Kernthemen (Liebe, Religion etc.)
Sprache	– ästhetische, innovative Sprachgestaltung – sperrige oder irritierende Anknüpfungspunkte für eine Mitgestaltung des Lesers – Möglichkeit der Arbeit an Leerstellen – Spiel mit Gattungen und Schreibweisen (z.B. Kriminalroman)
Didaktik	– geschlechts- und altersspezifische Überlegungen – Identifizierungs- und Abgrenzungspotenzial – philosophische und ethische Dimension

Dramentheorien behandeln?

66

Während der Roman schwerpunktmäßig als Entwicklungsgeschichte gelesen werden kann, stellt das Drama einen Konflikt in den Mittelpunkt. In der Konsequenz bedeutet dies für die beteiligten Figuren im Schauspiel, dass der Fokus nicht auf ihrer Entwicklung liegt; ihre persönliche Biografie wird wenig beleuchtet. Vielmehr interessiert ihre Haltung zu einem Problem; sie repräsentieren eine Einstellung zu einem zentralen Konflikt, der im Mittelpunkt des Dramas steht und im Laufe der Szenen entfaltet wird (Tipp 67). Das dialogische Prinzip dieser Gattung trägt ebenso zur Ausgestaltung der Kernproblematik bei wie die Struktur des Dramas, die die Auseinandersetzung vorantreibt, ob in offener oder geschlossener, absurder oder epischer Weise. An die-

Im Mittelpunkt steht ein Konflikt

› Tipp 67

sem Punkt wird die Frage einer dramentheoretischen Auseinandersetzung akut, besonders ab Klasse 10 und in der gymnasialen Oberstufe. Die Deutschdidaktik thematisiert diese Fragestellung kaum. Sie beschränkt sich auf Hinweise zum Umgang mit theoretischen Texten allgemein. Bezogen auf dramatische Texte findet sich viel über Zugangsweisen zum Schauspiel und zum Schauspieltext selbst, nicht aber zur Frage, wie man mit Dramentheorien umgeht. Hierzu herrscht der nahezu stillschweigende Konsens, dass Dramentheorien „flankierend" notwendig sind, ihnen gegenüber den Theaterstücken also eine Art unterstützende Funktion zukommt.

Funktion von Dramentheorien

Folgende Überlegungen können hilfreich sein: Dramentheorien haben eine Innovations- und Erklärungsfunktion. Sie vermitteln ein bestimmtes Konzept von Theater, indem sie es konzipieren oder erläutern. Dies geschieht vor dem Hintergrund eines bestimmten Wirklichkeitsbildes. Daher vermitteln Dramentheorien zwischen einem Bild bzw. einer Erfahrung von Wirklichkeit und einem Theaterstück. Aus diesem Grund sollten Dramentheorien immer im Zusammenhang mit konkreten Theaterstücken (Text oder Theaterbesuch) thematisiert werden.

Achtung!

Elemente von Dramentheorien können im Unterricht auch aus einem exemplarischen Theaterstück heraus rekonstruiert und formuliert werden (Blickrichtung vom „Produkt" her).
Dramentheorien können ausnahmsweise dann als systematischer Überblick behandelt werden, wenn bereits mehrere Theaterstücke gelesen wurden und sich ein sinnvoller Vergleich anhand zentraler Kriterien ergibt (z.B. übergreifende Kategorien wie Aufbau, Figureninventar, Bedeutung des Katharsis-Begriffs, Zentralbegriffe wie Furcht oder Elend).

Methodische Empfehlungen zur Erschließung von Dramentheorien:

Methodische Ideen

- Wie bei anderen theoretischen Texten kann es auch hier sinnvoll sein, den linearen Text in eine grafische Darstellung zu übertragen (Tipp 75), um Zusammenhänge, logische Folgen etc. deutlich zu machen. Es ist denkbar, dies computergestützt (Tipp 80) unter Verwendung von Symbolen (Cliparts) durchzuführen.
- Dramentheorien können in eine „dialogische Textkommentierung" (radikalisiert: Tipp 69) aufgelöst werden, indem man als Leser seine Gedanken in den Text einfügt. Das kann in Form von Fragen an den Autor, eigenen Zusatzinformationen etc. erfolgen.
- Dramentheorien sind „zerlegbar". Es kann hilfreich sein, vor der Behandlung einer Theorie drei Kernsätze herauszunehmen und zu diskutieren, also „präventiv" inhaltlich zu füllen. So ergeben sich „Ankersätze", die beim anschließenden Lesen der Theorie eine Wiedererkennungs- und Stabilisierungsfunktion einnehmen. Die Theorie kann anhand dieser Sätze verinnerlicht werden.

›Tipp 75
›Tipp 80
›Tipp 69

67 Dramentext „inszenieren"

Drama als Lesetext

Wie lässt sich der eigentlich unnatürlichen Situation begegnen, dass den Schülern zunächst „nur" ein Dramentext vorliegt, der ursprünglich im Hinblick auf eine Theateraufführung verfasst wurde und eben nicht als (reiner) Lesetext gedacht war? Die Antwort scheint einfach: Dieser Text muss im Sinne seines ursprünglichen Verwendungszweckes genutzt werden, nämlich als Inszenierungsvorlage. Natürlich kann und soll man immer wieder mit den Schülern ins Theater gehen. Die Texte dazu müssen dann nicht zwingend gelesen werden. Unabhängig von einem möglichen Theaterbesuch ist es im Unterricht – ab Klasse 9 – möglich und sinnvoll, die schon im Text angelegten Inszenierungsvoraussetzungen zu thematisieren. Der Leseprozess begreift also den Text primär von seinen dramatischen Qualitäten her. Je nach Intensität dieses Vorgehens lassen sich vorwie-

Dramendidaktische Modelle

› Tipp 68, 38

gend drei dramendidaktische Modelle (Lösener 2012) unterscheiden, die auch auf Methoden des szenischen Interpretierens (Tipp 68) bzw. des darstellenden Spiels (Tipp 38) zugreifen.

Dramendidaktische Modelle

implizite Inszenierung (dem Text eingeschrieben)	mentale Inszenierung (im Kopf des Lesers)	aufgeführte Inszenierung (Theaterensemble)
▼	▼	▼
textorientierte Dramendidaktik	produktionsorientierte Dramendidaktik	spielorientierte Dramendidaktik
– Vor- und Nachtexte thematisieren das, was im dialogischen Geschehen bedeutsam ist, aber außerhalb (vor/nach) dem Auftritt stattfindet – Subtexte legen das im Gesagten Verschwiegene offen – eindringliches Lesen erforderlich (dem Text lassen sich implizite Inszenierungshinweise entnehmen)	– antizipatorisches Fortführen eines Dramenanfangs – Rollenspiele – Pro-Contra-Diskussionen – Umschreibungen verschiedener Art (Berichte, Erzählungen etc.) – Schreiben einer Szene aus der Vorgeschichte (hier Nähe zur textorientierten Dramendidaktik) – Herstellen eines Programmhefts	– Geh-, Steh-, Sitzhaltungen – Mimik erkunden – Sprechhaltungen erproben – Standbilder – Haltungen deuten (Erstarren, Hilfs-Ich einsetzen etc.)

68 Szenisch interpretieren

› Tipp 36

Szenisches Interpretieren umfasst mehr als nur Rollenspiele! Zwar lassen sich Überschneidungen zum literarischen Rollenspiel wie auch zur produktiven Textarbeit erkennen (Tipp 36), die Verfahren und Intentionen des szenischen Umgangs mit Dramentexten (und auch nicht-dramatischen Texten) gehen weit darüber hinaus. Ausgehend von dem Gedanken, dass der Dramentext eine offene Partitur darstellt, soll insbesondere eine Auseinandersetzung mit den Themen und mit den in den Texten eingenommenen Haltungen der Figuren erfolgen. Dazu sind verschiedenste Methoden geeignet, die bei Weitem hier nicht alle aufgeführt werden können. Bedeutsam ist die Idee des kollektiven Interpretationsverfahrens, bei dem alle Teilnehmer einen wichtigen Beitrag zur Deutung des Stücks einbringen. Insofern lassen sich als Charakteristika szenischen Interpretierens folgende Schlagworte heranziehen: Situation, Gruppe, Körper, Denken, Wahrnehmung, Kommunikation und eben Haltung. Durch die Auseinandersetzung mit einer Textvorlage werden sich die Schüler eigener Haltungen bewusst und gewinnen so eine Verständnisfolie für die Deutung von Texten. Anders gesagt: Die Schüler entdecken im Text Möglichkeiten, Rollen und Szenen auszuagieren, dadurch eigene Haltungen zu entdecken und – in geschütztem Rahmen – in variierender Weise zu erproben. Insofern treffen hier Textinterpretation und Persönlichkeitsentfaltung zusammen.

Kollektives Interpretieren

Stellvertretend werden zwei Methoden aus einem reichhaltigen Repertoire herausgegriffen:

- **Requisiten erzählen**: Das Ziel besteht darin, ein Geschehen neu zu sehen, die Perspektive zu weiten. Das Geschehen wird aus der Sicht eines Gegenstandes, der eine zentrale Bedeutung im Text hat, erzählt. So könnte das Schmuckkästchen in Goethes „Faust“ über Gretchens Verhalten berichten, das Spinnrad im „Rumpelstilzchen“ könnte seine Wahrnehmung bzw. Verwunderung mehrfach thematisieren.

Requisiten erzählen

- **Sätze kneten**: Ziel ist eine erste Annäherung an eine literarische Figur. Voraussetzung: Bewegungsfreiheit im Klassenzimmer. Zu Beginn stehen alle im Kreis. Jeder soll sich einen Satz überlegen, am besten eine typische Aussage (z. B. zur Hauptfigur Romulus aus Dürrenmatts Drama). Die Schüler nähern sich also auf dem Wege der Erinnerung an den Dramentext bzw. eine Textfigur. Der ausgewählte Satz kann wörtlich zitiert werden oder dem Text sinngemäß entstammen. Wichtig ist, dass dieser Satz

Sätze kneten

wiederholt und in verschiedenen Stimmungen gesprochen wird. Dabei laufen die Schüler im Raum umher und sprechen den Satz vor sich hin. Nach etwa zwei Minuten versammeln sich alle wieder im Kreis. Ein Schüler tritt mit seinem Satz in die Mitte und spricht diesen in einer selbst gewählten Stimmung, ein anderer kommt dazu und sagt seinen Satz zu der Person (zugewandt, Blickkontakt). Die erste Person geht zurück in den Kreis. Der zweite Schüler wiederholt seinen Satz in einer neuen Stimmung, ein weiterer geht in die Mitte und sagt wiederum seinen Satz. Es ergibt sich eine aussagekräftige dialogische Situation.

Achtung!

› Tipp 38

Denken Sie immer daran, die Methoden durch eine Anschlusskommunikation zu ergänzen (Tipp 38).

SOS-Tipp

Wie können Sie mit Ängsten von Schülern umgehen, die bei der Anwendung szenischer Verfahren nicht auszuschließen sind, besonders bei Übungen mit körperlichem Ausdruck? Beugen Sie diesen Ängsten durch gemeinsame Warm-up-Übungen vor und ritualisieren Sie Abläufe, die Sie immer wieder brauchen, weil Sie die Verfahren häufiger einsetzen (Normalität herstellen). Machen Sie den Schülern bewusst, dass ihnen die Rollen, die sie annehmen, Schutz geben (Verkörperung von Figuren). Entwickeln Sie eine wertschätzende Feedbackkultur und verzichten Sie auf die Bewertung körperhandelnder Aktionen. Fördern Sie gemeinsames Handeln (gleichzeitige Darstellung durch mehrere Schüler).

Zugespitztes Nörgeln erlauben

69

Kritische Randkommentare

„Zugespitzte Nörgelei" – gehört so etwas in die Schule, in den Literaturunterricht? Durchaus, wenn darunter die im Folgenden beschriebene Methode gemeint ist. Die „zugespitzte Nörgelei" versteht sich als kritische Kommentierung, die sich in Randnotizen – gerne auch Zeichen – äußert. Der kritische Kommentator ist der Leser, der sich direkt auf ein Textstück bezieht, die Aussage offenlegt, infrage stellt, besserwisserisch deutet, bewertet. Seine Kommentare dürfen bzw. sollen übersteigert sein, müssen aber einen überzeugenden Kern haben.

Sinn der Methode ist eine Zuspitzung auf den Gehalt des Dramentextes insofern, als dieser genauestens unter die Lupe genommen und auf seinen Gehalt hin „abgeklopft" wird. Die Kommentierungen beziehen sich meist auf die Figurenrede, können aber auch die Regieanweisungen bzw. die Konzeption einer Sprechsequenz in den Blick nehmen. Die Zuspitzung führt zum Herausarbeiten einer eigenen Positionierung.

Positionierung des Lesers bzw. der Leser

Das Verfahren mündet nach einer Einzelarbeit entweder in ein Gruppengespräch oder in eine erneute Phase der schriftlichen Randkommentierung durch einen weiteren Leser (Mitschüler), der die Erstkommentare mit kommentieren kann (in diesem Fall sollte man die Szene auf eine Vorlage mit sehr breitem Rand kopieren).

Die zugespitzte Nörgelei bewegt sich an der Grenze zum satirischen Schreiben (Tipp 26), fördert Sprachwitz und Ironie (Tipp 25). Die Methode ist am ehesten auf Dramentexte anwendbar, kann aber auch bei anderen Textsorten ergiebig sein.

› Tipp 26
› Tipp 25

Achtung!

Die zugespitzte Nörgelei ist eher für Leser geeignet, die bereits dramentheoretische Kenntnisse besitzen und diese mit einbeziehen können.
Das Verfahren ermöglicht auch eine intertextuelle Perspektive (Tipp 35).

› Tipp 35

DIALOGE ANALYSIEREN

70

› Tipp 68
› Tipp 69

Neben der szenischen (Tipp 68) und bissig nörgelnden (Tipp 69) Annäherung an Dramentexte muss immer wieder ein intensiver Blick auf das Gesprächsverhalten der Figuren gerichtet werden. Da die Dialoge konstitutiv für das Schauspiel sind, liegt hier der besondere Fokus. Dabei werden die Figurenbeziehungen und Redestrategien (Tipp 27) offengelegt. Dialoganalysen werden häufig in Klausuren ab Klasse 9, auch in Abiturprüfungen eingefordert. Daher sollte eine grundsätzliche Vorgehensweise erarbeitet werden, die die Schüler in ihr Methodenrepertoire aufnehmen. Eine Gliederung könnte so aussehen:

› Tipp 27

Aufbau einer Dialoganalyse

1. Klärung des Kontextes
- inhaltlich: Was geht der entsprechenden Szene unmittelbar voraus und was folgt ihr?
- strukturell: Welchen Stellenwert hat der Dialog im Kontext des ganzen Dramas?

2. Inhaltsaspekt
- Welche Themen (Hauptthemen, Nebenthemen) werden angesprochen?
- Was wird verschwiegen, obwohl es gesagt werden könnte?
- Wie steht es um den tatsächlichen Informationsgehalt der Redebeiträge? Wie werden Aspekte gewichtet?
- Welche Absichten verfolgen die einzelnen Redner?
- Wer erreicht am ehesten seine Ziele? Wie „geht“ der Dialog „aus“?

3. Beziehungsaspekt
- Wie lässt sich das Verhältnis der Dialogpartner zueinander beschreiben?
- Verändert sich die Beziehung im Laufe des Gesprächs? In welcher Weise?
- Mit welcher Voreinstellung und welchem Vorwissen gehen die Dialogpartner ins Gespräch?
- Welche Absichten werden verfolgt (hier Ergänzungen zu 2. integrieren)?

4. Regieanweisungen (sofern aussagekräftig)
- Was wird aus den Regieanweisungen deutlich? (Stimmungen der Figuren zu Beginn ihres Auftritts und beim Verlassen der Bühne, Mimik, Gestik)
- Lassen sich Hinweise aus der Beschreibung des Bühnenraums verwerten?

5. Rhetorische Strategien
vgl. hierzu die Liste unter Tipp 27

› Tipp 27

6. Gesamteinschätzung des Dialogs
- Was lässt sich nach der Analyse zu 1. ergänzen?
- Welche Gesamtausrichtung lässt sich benennen? Aufklären, Aushorchen, Erkunden, Verwirren, Befragen, Verhören, Entlarven, Streiten, Intrigieren, Erörtern etc. (Mischformen sind natürlich möglich)

Achtung!

Lassen Sie die Dialoge im Unterricht immer vortragen, entweder vor oder nach der Analyse. Dadurch kompensieren Sie wenigstens ansatzweise die fehlende Aufführungssituation. Allein die Tatsache, dass die Sprecher sich gegenüberstehen und zueinander sprechen, erleichtert die Einfühlung in den Text im Hinblick auf die Dialoganalyse. Der Vortrag danach kann eine eindrucksvolle Ergebnissicherung darstellen, wenn die Analyseergebnisse entsprechend in die Darbietung einfließen.

71 Prosa in Dialoge umschreiben lassen

Eine geeignete Methode, um inhaltliche Schwerpunkte eines Textes herauszufiltern und gleichzeitig die Gestaltung von Dialogen (Tipp 70) zu üben, ist die Transformation eines Prosatextes (Erzählung, Teil der Novelle; Tipp 64) in einen dramatischen Text. Die folgende Anleitung zeigt Ihnen konkrete Schritte auf, wie diese Transformation ab Klasse 8 umgesetzt werden kann.

› Tipp 70
› Tipp 64

Anleitung zur Transformation von Prosa in Dialoge

Erzählende Textvorlage	Umsetzung in einen dialogischen Text
durchgehender Text, evtl. in Abschnitten präsentiert	gegliederter Sprechtext mit Angabe der jeweiligen Sprecher
Stimmungen, Geschehnisse etc.	entweder in den Sprechtext (Haupttext) integriert oder in die Regieanweisungen (Nebentext) aufgenommen – oder weggelassen
dialogische Anteile im erzählenden Text	wörtlich beibehalten, gekürzt, erweitert oder neu formuliert
Charakterisierungen der Figuren (Tipp 60)	meist im Nebentext, durch Angaben zu ihrer Sprechweise (Tempo, Lautstärke) oder zu Gestik, Mimik, Körperhaltung
Anzahl der Figuren	Figuren werden in der Regel zu Sprechern im Drama; Weglassen (Pointierung, Konzentration) und Hinzufügen (Informant als Erzählerersatz) möglich
Angaben über den Schauplatz und seine Veränderung (Tipp 63)	Vereinfachung von Schauplätzen im Hinblick auf eine (gedachte) Bühne; Reduzierung auf „Ausstattung" bzw. Bühnenbild und zentrale Gegenstände; Angaben dazu im Nebentext am Anfang des Dialoges
Zeit (Tipp 62), Dauer der Handlung; häufig gerafft, manchmal gedehnt	Zeit der Handlung wird auf die Gesprächssequenzen verkürzt; Tendenz zur Zeitdeckung innerhalb der Szenen
Besonderheiten, z. B. Fassungslosigkeit einer Figur	durch Sprechpausen, Schweigen, Gestik darstellbar (Nebentext)
Reihenfolge der Handlungsschritte	entweder als Redereihenfolge beibehalten oder auch verändert; Streichung von Handlungsteilen, wenn durch das intensive Gespräch über einen Aspekt der dahinterstehende Sachverhalt deutlich wird
Satzarten: je nach Stil des Autors verschiedenartige Möglichkeiten des Erzählens, manchmal komplexer Satzbau	meist einfache Sätze, angelehnt an das natürliche Sprechen (Sprechsprache statt Schriftsprache); deutlicher Ausdruck dessen, was gesagt werden soll, unterstützt durch Angaben im Nebentext

72

Kollege 1: Welches Schauspiel könnte ich denn in meiner 9. Klasse lesen?
Kollege 2: Nimm doch den Tell, den behandeln wir immer in der 9. Klasse.
Kollege 3: Ja, dazu habe ich einen Lernzirkel, den kann ich dir geben.
Kollege 1: Wenn ihr meint, ja gut, dann nehme ich halt den Tell. Den haben wir früher auch in der Schule gemacht. Müsste mal nachschauen, vielleicht habe ich sogar noch den Text zu Hause. (...)

Nichts gegen „Wilhelm Tell", wenngleich nur bedingt nachvollziehbar ist, warum er sich derart hartnäckig in den Schulen hält. Und das kollegiale Gespräch? Läuft es in der Regel so ab? Sicher ist es etwas provokant verkürzt und wird „in Wirklichkeit" meistens auf einer didaktisch motivierten Ebene geführt. Aber dennoch: Auch pragmatische Argumente (Was ist schulische Tradition? Was kenne ich schon? Gibt es gutes Material? Günstige Textausgabe?) bestimmen im herausfordernden und auch anstrengenden Schulalltag das Handeln, hier die Textauswahl. Wenn es die Rahmenbedingungen ermöglichen (Lehrplan, schulinterne Absprachen – Tipp 6), sollten Sie auch folgende Aspekte bei der Auswahl eines dramatischen Textes bedenken:

› Tipp 6

Auswahlkriterien

› Tipp 3

- Sind Sie selbst von dem Text überzeugt, begeistert (Tipp 3)?
- Jugendtheaterstück oder anderes (Erwachsenen-) Schauspiel?
- Aktueller Spielplan des nächstgelegenen Theaters?
- Bühnenrelevanz?
- Thematische Bedeutsamkeit?
- Aktuell von Interesse?
- Komplexität/Sprache?
- Exemplarischer Charakter?
- Innovative Kraft?
- Eignung in einer Reihe mit anderen Dramen?

Um die Ecke gedacht

Ist es sinnvoll, mit Auszügen aus Dramen zu arbeiten, wie sie häufig in den Lehrbüchern abgedruckt werden? Bedingt ja. Es macht dann Sinn, wenn Sie bereits eine dramatische Ganzschrift behandelt haben und gezielt kontrastieren wollen. Die Auszüge ermöglichen einen Zugriff auf Teilaspekte. Insgesamt fehlt aber der strukturelle Kontext; dessen muss man sich bewusst sein.

Sachtexte schätzen

73

Es muss nicht immer allzu poetisch sein! Sachtexte waren lange Zeit im Deutschunterricht unterrepräsentiert und holen in jüngster Zeit auf. Das darf auch sein. Der Begriff „Sachtext" referiert nur assoziativ (und keinesfalls immer) auf die „Sachlichkeit" seiner Sprache; er bezieht sich vielmehr auf eine im Mittelpunkt stehende „Sache", die an sich nicht zwingend einen spezifischen Bezug zum Fach Deutsch haben muss. Darauf lassen sich folgende Überlegungen aufbauen, die den Stellenwert von Sachtexten in aktueller Perspektive etwas aufwerten wollen:

Didaktische und methodische Überlegungen zur Arbeit mit Sachtexten

- Durch ihre direkte Anbindung an die Realität „erden" Sachtexte in gewisser Hinsicht das Fach, dem ansonsten mitunter zu viel Deutungsoffenheit unterstellt wird.
- Die „Sachen" in den Texten erlauben es, die Interessen der Schüler sehr konkret aufzugreifen und ins Gespräch zu bringen.
- Sachtexte sind geeignet, bequemere Leser wieder ans Lesen heranzuführen (Tipp 7).
- An Sachtexten kann man gezielt texterschließende Verfahren anwenden (z. B. Lesestrategien, Tipp 9–11).
- Schließlich kann man Informationen aus Sachtexten gut in andere Darstellungsformen übertragen (z. B. in Grafiken, Tabellen), sodass abwechslungsreiche Visualisierungen angestrebt und erprobt werden können (Tipp 75).

› Tipp 7
› Tipp 9–11
› Tipp 75

- Arbeit mit Sachtexten ist per se eine fächerverbindende Angelegenheit.
- Erreichte Standards lassen sich an Sachtexten tendenziell eindeutiger überprüfen als an literarischen Texten. Zumindest ist die Akzeptanz größer, wenn Sachtexte zu Überprüfungsaufgaben herangezogen werden.
- Sachtexte lassen sich im Gegensatz zu literarischen Texten leichter kürzen und somit gezielt bereitstellen.
- Sachtexte lassen bei aller Neigung zur analytischen Erschließung dennoch gestaltendes Arbeiten zu, besonders wenn die Adressatenwirkung (Appellfunktion) ausgeschöpft wird (Parodien, Leserbriefe, Werbung).
- Bei näherem Hinsehen merkt der im Allgemeinen eher literaturverliebte Deutschlehrer, dass Sachtexte immer wieder Inhalte in den Deutschunterricht einbringen, die auch sein eigenes Weltwissen erweitern und dass auch Sachtexte „lustig" sein können.

Um die Ecke gedacht

Denken Sie kurz an die Entstehungsbedingungen von Sprache: Da gab es sehr viele pragmatische („sachliche") Anlässe zur Begriffsfindung (Reviere abstecken, Werkzeuge benennen). Auch daraus motiviert sich die Zuwendung zu Sachtexten.

FÜNF-GANG-LESETECHNIK ANWENDEN 74

Nein, dieser Tipp hat nichts mit Essen zu tun. Bei der „Fünf-Gang-Lesetechnik" handelt es sich um eine Form der Texterschließung, die sich besonders gut auf Sachtexte anwenden lässt und die Ähnlichkeiten mit der SQ3R-Methode (Tipp 11) aufweist. Auch hier lohnt es sich, die Schüler intensiv mit den fünf Schritten vertraut werden zu lassen. Wenn Sie die Methode einführen, tun Sie dies schrittweise mit den Schülern zusammen. Das kostet Zeit, macht sich

› Tipp 11

aber dadurch bezahlt, dass die Schüler künftig selbstständig damit arbeiten und sich Sachtexte gründlich erschließen können, auch zu Hause. Problematisch bei der Anwendung im Unterricht könnte sein, dass Schüler mit langsamerem Arbeitstempo schnell in zeitlichen Rückstand geraten. Hier wäre zu erwägen, ab und an eine Partnerarbeit zuzulassen oder gar mit einem differenzierteren Textangebot zu arbeiten, das heißt leichtere bzw. kürzere Texte für schwächere Schüler anzubieten.

Fünf-Gang-Lesetechnik

1. Gang: Überblick verschaffen
- Text überfliegen (kursorisch lesen)
- Thema? Teilthemen?

2. Gang: Textklärung
- Fremdwörter und unbekannte Begriffe unterstreichen, bei Bedarf nachschlagen
- wichtige Textstellen und Schlüsselwörter (sparsam) markieren

3. Gang: Gründlicher Leseprozess
- Text in Sinnabschnitte gliedern
- Text genauer untersuchen im Hinblick auf verschiedene Textbereiche, z.B. Faktendarstellung – Wertungen, Voraussetzungen – Folgerungen, allgemeine Aussagen – Beispiele, Begriffsverwendung – Begriffserklärung etc.
- auf Schlüsselwörter aus dem 2. Gang zurückgreifen; Kürzung und Vereinfachung anstreben

5. Gang: Sicherung
- den Gedankengang noch einmal frei mündlich wiedergeben, ggf. vor Mitschülern
- evtl. bestehende Unklarheiten in den Unterricht einbringen

75

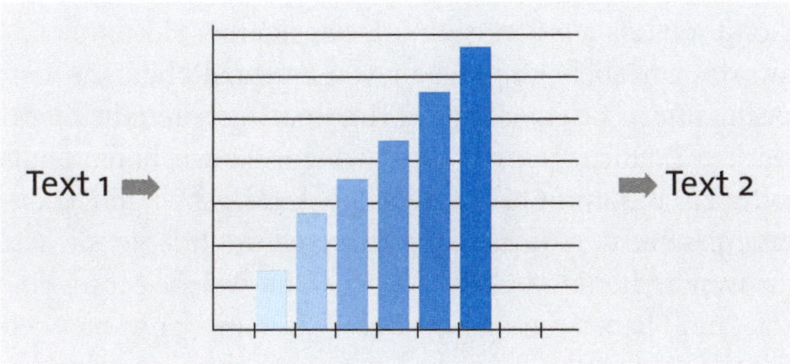

Bei der Arbeit mit Sachtexten können Sie auch folgende Methode ausprobieren:
Lassen Sie die Schüler zu zweit arbeiten. Der eine Partner soll einen „herkömmlichen" Sachtext in einen Sachtext diskontinuierlicher Art (Tipp 73, 74) übertragen. Vorstellbar ist zum Beispiel ein Informationstext, der sich mit der Auflagenhöhe deutscher Tageszeitungen beschäftigt. Der Schüler wertet den Text aus und entschließt sich für eine Darstellung, etwa in Form eines Säulendiagramms. Nach getaner Arbeit soll nun der andere Partner auf Grundlage des Säulendiagramm wieder einen linearen Text verfassen, sodass am Ende erkennbar wird, ob die Grafik so gestaltet war, dass sich die wesentlichen Informationen zwischen dem Ausgangstext und dem Ergebnistext decken.

› Tipp 73, 74

Diese Übung bringt mehrere Vorteile mit sich: Der erste Schüler muss genau lesen, Informationen gewichten und auswählen, eine andere Darstellungsform festlegen und diese grafisch umsetzen. Der zweite Schüler wiederum muss die Grafik „richtig" lesen, also die Fragestellung darin erkennen und die Einzelinformationen sprachlich aufnehmen, gegebenenfalls bündeln und vielleicht auch bewerten – je nach Aussagekraft. In diesem Verfahren verbinden sich zentrale Kompetenzen des Deutschunterrichts. Gleichzeitig ist die Aufgabe motivierend, besonders auch für Schüler, für die das grafische Arbeiten eine willkommene Abwechslung darstellt.

Text in eine andere Darstellungsform übertragen

Hörtexte einsetzen

76

Gert Fröbe als markante Stimme des „Räuber Hotzenplotz", inzwischen auch gesprochen von Armin Rohde: Zu den nachhaltigen Erlebnissen des Kindseins gehören die literarischen Erfahrungen mit Geschichten, die wir hörend aufnehmen. Bestimmt haben auch Sie die Märchen und Abenteuergeschichten unzählige Male gehört, bis Sie sie fast auswendig konnten. Sie wussten, wann welche Musik einsetzt, und haben die spannenden Phasen immer wieder neu miterlebt, obwohl Sie nicht bangen mussten, ob am Ende alles gut wird. Sind solche intensiven Erlebnisse dem Kindsein vorbehalten? Was für ein Luxus an Wiederholung und Zeit! Es ist nicht hoch genug einzuschätzen. Scheinbar bricht das intensive Zuhören irgendwann ab. In einer Zeit vieler Nebengeräusche hört man oft nur nebenbei zu. So laufen Musik hören und Hausaufgaben erledigen bei unseren Schülern häufig zusammen.

Hörbücher und Hörspiele werden in der Schule selten eingesetzt, manchmal in Vertretungsstunden oder bei Heiserkeit des Lehrers. Versuchen Sie, auch sonst daran zu denken, Texte auf diese Weise zu präsentieren. Sie fördern dabei zentrale Kompetenzen Ihrer Schüler:

Kompetenzen durch Hören entwickeln

- Förderung der Wahrnehmungskompetenz (Aufbau innerer Vorstellungsbilder, Verknüpfung von sprachlichen Signalen und nebensprachlichen Mitteln zu einer globalen Wahrnehmung, Ausbildung eines akustischen Gedächtnisses)
- Förderung der sprachlichen Kompetenz (Wortschatz)
- Förderung der Erzählkompetenz (Tipp 21, 86)
- Förderung der Konzentrationsfähigkeit durch gezieltes Heraushören bestimmter Informationen (gerade auch aus Sachtexten)

› Tipp 21, 86

Zeit fürs Kinoerlebnis nehmen

77

Filme sind etwas Faszinierendes. Sie verdienen einen entsprechenden – gerade auch zeitlichen – Rahmen. Ein Film ist ein Kunstwerk in sich, und so wie man bei Texten überlegt, ob man sie wirklich kürzen will, sollte man das auch bei Filmen tun (Tipp 78). Ist die Entscheidung für die Komplettversion getroffen, muss die Vorführung organisiert werden: Ein Film von in der Regel 100 Minuten Länge passt natürlich nicht in eine Unterrichtsstunde. Sie müssten ihn streng genommen dritteln, wenn Sie keine Doppelstunde zur Verfügung haben. Das ist nicht gut. Der Film wird dadurch zerstückelt und kann nicht mehr als Gesamterlebnis wahrgenommen werden. Vielleicht bietet sich Ihnen aber auch eine der folgenden Optionen:

› Tipp 78

Filme komplett anschauen

- Sie haben eine Doppelstunde zur Verfügung und nehmen eine Pause mit dazu.
- Falls Sie in einem Ganztagsmodell arbeiten, könnten Sie die Nachmittagszeiten (AG- bzw. Betreuungszeiten) zusammenhängend nutzen.
- Sie organisieren einen Filmabend in der Schule und können dafür vielleicht ein oder zwei Randstunden frei geben (Zeitausgleich).
- Sie vereinbaren mit einem örtlichen Kino eine Vorstellung für Ihre Schüler. Es gibt bereits zahlreiche solcher Kooperationen.

Achtung!

Falls Sie Filme in der Schule schauen: Versuchen Sie, eine Kinoatmosphäre herzustellen, indem Sie den Film großformatig zeigen, über Beamer oder Smartboard (Tipp 79). Die meisten Filme wurden für dieses oder gar ein noch größeres Format entwickelt.

› Tipp 79

Mit Filmen arbeiten

78

Filme haben neben der spezifischen Intention, die bei der Herstellung mit ihnen verknüpft wird, einen hohen Unterhaltungswert. Wenn wir mit Schülern Filme behandeln, besonders wenn wir sie komplett schauen, soll diese Funktion zum Tragen kommen. Darum ist der Rahmen wichtig, in dem der Film präsentiert wird (Tipp 77). Die Arbeit mit dem Film hat dann zum Ziel, die ästhetischen Kategorien dieses Mediums beschreiben zu können. Schließlich sollen Menschen in Worte fassen können, was ihnen gefällt und was nicht, warum sie etwas schön finden oder gelungen, warum sie einen Film empfehlen oder ablehnen. Hier findet eine wichtige Vorbereitung auf die Teilnahme an kultureller Auseinandersetzung statt (Tipp 3). Dazu ist ein filmspezifisches Vokabular erforderlich, das die Lehrbücher Ihnen und den Schülern mittlerweile sehr komprimiert anbieten. Das betrifft besonders die Bereiche Bildinszenierung (Mise-en-scène), Formen der Montage, Rolle der Kamera (in Anlehnung an sprachliches Erzählen), Einstellungsgrößen, Schnitt und Ton (Filmmusik und Geräusche). Hier müssen Sie sich mit Ihren Schülern mehr oder weniger tief einarbeiten. Im Rahmen eines zunächst „einmaligen" Arbeitens mit einem Film oder Filmausschnitt ist lediglich die gezielte Bereitstellung der notwendigen Begrifflichkeit empfehlenswert. Wenn Sie eine spezifische Einheit zur Filmanalyse durchführen, sollten Sie das komplette Filmvokabular einführen, am besten an konkreten Beispielen. Hierfür eignet sich das Betrachten von kurzen Filmsequenzen hervorragend.

› Tipp 77

Über Filme sprechen lernen

› Tipp 3

Als methodische Vorschläge für die filmische Arbeit seien genannt:

Methodische Vorschläge

- ähnlich wie bei Texten: Erwartungen benennen, Handlung antizipieren; Figuren charakterisieren; film-erzählerische Mittel auffinden und in ihrer Wirkungsweise deuten
- Mikro- und Makrostrukturen bearbeiten mithilfe eines tabellarischen Sequenzprotokolls (Zeit bzw. Nummer der Einstellung, Inhalt, Sprechtext, Ton/Musik, Licht)

- vorstellungsbildende Verfahren: Szene ohne Ton schauen (Gespräch konstruieren) bzw. umgekehrt (Bilder evozieren)
- gestaltende Verfahren: Filmplakate entwickeln; Szenen nachspielen und verändern; Film anhalten, Mimik beobachten und innere Monologe schreiben; eigene Szene drehen
- produktive Verfahren: Rezension schreiben; fiktives Gespräch zwischen Schauspieler und Regisseur verfassen; Drehbuch umarbeiten; fremdsprachige Filmsequenz synchronisieren

Achtung!

Wenn Sie eine Literaturverfilmung anschauen: Schließen Sie sich nicht den Nörglern an, die stets betonen, dass der Film auch diesmal wieder „schlecht" ist – im Vergleich zur literarischen Vorlage. Auch die Literaturverfilmung darf nur bedingt am auslösenden Roman gemessen werden, der vielleicht 100 Jahre vorher entstanden ist. Interessant ist es zu klären, inwieweit überhaupt eine detailgetreue Umarbeitung geplant war. Häufig darf es als Qualität eines Films gesehen werden, dass dessen Kunst des Weglassens Längen literarischer Texte schmeichelhaft ausspart. Natürlich gibt es schlechte Literaturverfilmungen wie auch schlechte Filme überhaupt. Aber es gilt die Regel: Eine Literaturverfilmung ist ein Werk für sich, das seine eigenen Schwerpunkte setzt und dabei die auslösende literarische Vorlage verlassen muss.

Smart boarden

79

Es gibt tatsächlich Schulen, in denen bereits die alten Tafeln abmontiert wurden. (Das hat mitunter schwere Erschütterungen ausgelöst!) In den meisten Klassenzimmern lässt sich hingegen ein eher fließender Übergang beobachten: Sie finden eine dunkelgrüne Tafel, wenigstens noch als Seiten-

tafel – oft mit dem Stundenplan der Klasse. Vorne ist ein Whiteboard installiert. Gleichzeitig sind in vielen Klassenzimmern bereits Smartboards (oder interaktive Whiteboards) zu finden, die immer stärker Einzug halten und die Tafeln wohl nach und nach weitgehend ablösen werden.
Ist Schule ohne Tafel und Kreide denkbar? Es erscheint durchaus sinnvoll, zumindest eine kleine Tafel beizubehalten, damit man auch noch spontan etwas anschreiben kann, ein wichtiges Datum oder einen neuen Begriff – ohne die Technik „hochfahren" zu müssen.

Achtung!

Da liegt auch schon der Hase im Pfeffer ... Müssen Sie an Ihrer Schule das Smartboard immer erst hochfahren (mit Passwort und langer Wartezeit)? Das muss sich ändern, sonst ist die Nutzung zu kompliziert und zeitraubend, gerade bei Einzelstunden und Raumwechsel. Klären Sie schulintern, wie Sie es organisieren können, dass die Geräte den Tag über in Funktion bleiben (Tipp 6). Zudem brauchen Sie eine zuständige Person, die die Systeme gut kennt und wartet. Die angeschlossenen Computer benötigen Updates und Passwörter müssen verwaltet werden.

› Tipp 6

Smartboard als Medienkombination

Worin liegt nun der Vorzug des Smartboards? Es vereint alle anderen Geräte, die es vorher gab: Tafel und Schwamm, CD-Player, Video- bzw. DVD-Player, Tageslichtprojektor, Computer (zur Nutzung angeschlossen, mit Internet-Zugang). Insofern liegt eine Kombination vor, die eine Flexibilisierung des Unterrichts ermöglicht. Phasen und Methoden können rascher gewechselt werden. Entscheidend ist natürlich, dass man mit der Bedienung vertraut ist und dadurch kein Zeitverlust entsteht.

Gleich mal ausprobieren

Sind Sie in Bezug auf den Umgang mit dem Smartboard noch nicht ganz sicher, haben Sie vielleicht gerade erst eine Einführung dazu erhalten? Nehmen Sie sich an einem Nachmittag Zeit und probieren Sie allein oder zu zweit im Klas-

senzimmer alles in Ruhe durch. Nutzen Sie dann im Unterricht zunächst ausgewählte Funktionen, die Sie gut beherrschen, und erweitern Sie Ihr Spektrum allmählich. Speichern Sie das Programm (vorausgesetzt, dies ist durch die Schullizenz abgedeckt) auf Ihren eigenen Computer, damit Sie die Folien zu Hause vorbereiten können.

Für den Deutschunterricht eröffnen sich durch den Einsatz des Smartboards neue Möglichkeiten, von denen hier nur eine Auswahl vorgestellt werden kann:

Vorteile des Smartboards

- Der rasche Wechsel zwischen verschiedenen Medien erleichtert dem „Medienfach" Deutsch eine gezieltere Kombination (Text/Bild, Text/Film, Film/Standbild, Bild-Text-Überlagerung, Standbild/Markierung etc.).
- Texte können vielfältig und sichtbar markiert werden.
- Verschiebungen (z. B. Umstellprobe) können tatsächlich als Verschiebungsvorgang durchgeführt werden.
- Lückentexte können vorbereitet und mit zunächst verborgenen, aber später erscheinenden Lösungen versehen werden.
- Begriffe können gezielt aus Texten herausgelöst und in Visualisierungen (Tipp 34) eingefügt werden.
- Texte können größer oder kleiner gezeigt und spontan nebeneinandergestellt werden (Tipp 31).
- Filme können angehalten, Szenenbilder beschriftet werden.
- Schüler können ständig am Schreiben und Markieren beteiligt werden.
- (Zwischen-)Ergebnisse sind leicht abzuspeichern und können in der nächsten Stunde wieder aufgerufen werden.

› Tipp 34
› Tipp 31

Zunehmend bieten die Schulbuchverlage passendes Material zu ihren Lehrwerken (Tipp 4) und darüber hinaus an, sodass Sie damit weiterarbeiten können.

› Tipp 4

80 Mit Laptops arbeiten

Wenn man bedenkt, wie viele unterschiedliche Funktionen das Laptop für Tätigkeiten in Arbeit und Freizeit erfüllt, erscheint es widersinnig, dieses Gerät aus der Schule fernhalten zu wollen. Spätestens gegen Ende der Mittelstufe und in der Oberstufe sollten Sie – nach schulinterner Absprache – auch das von den Schülern privat genutzte Laptop im Unterricht zulassen. Aber auch in der 5. Klasse sollten Sie den sicherlich in der Schule vorhandenen Klassensatz an Notebooks bzw. die „Rechner" im Computerlabor immer wieder einsetzen. Die Schüler werden ganz „natürlich" mit der Technik umgehen.

Textverarbeitung im Deutschunterricht?

Im Rahmen der Textverarbeitung werden regelmäßig Bedenken angeführt: Rechtschreibung werde kaum beachtet (das Korrekturprogramm übernehme das Nachdenken), Layoutmöglichkeiten ließen auch schwache Texte gut aussehen, Schönschrift werde nicht mehr geübt. Diese Bedenken sind durchaus ernst zu nehmen, können aber keine generell ablehnende Haltung rechtfertigen. Legen Sie die Chancen in die Waagschale: Schüler arbeiten bewusst mit Schrifttypen und Textformaten, gestalten Texte (Ausbildung eines Formbewusstseins). Das Schreiben mit der Hand wird nicht abgelöst, sondern ergänzt. In Bezug auf die redaktionelle Textarbeit (Tipp 45) ergeben sich ganz neue Möglichkeiten: hinzufügen, kürzen, umformulieren, umstellen, Abschnitte bilden, Gliederung verändern, mit Textbausteinen experimentieren, sprachliche Anpassungen vornehmen. Texte bleiben beweglich und werden als optimierbar und aktualisierbar erfahren. Das hat einen sehr hohen Wert und orientiert sich sowohl am didaktischen Prinzip prozessorientierten Arbeitens (Tipp 99) wie auch an späteren beruflichen Anforderungen.

› Tipp 45

› Tipp 99

Weitere Funktionen des Laptops

Dazu kommen zahlreiche weitere Möglichkeiten der Nutzung des Laptops, die über das flexible Schreiben von Texten hinausgehen: Als Lern- und Übungsmedium erfüllt das Gerät mithilfe entsprechender Software bereits heute eine willkommene Stützfunktion. Die Informationsfunktion

(Tipp 82) ist unbestritten. Aber auch als Kommunikations- und Kooperationsmedium (Kontaktaufnahme, Materialaustausch, Lernplattformen, Videokonferenzen) ist eine schulische und schulbezogen häusliche Verwendung teilweise schon gegeben.

› Tipp 82

HANDYFOTOS NUTZEN

81

Fast überall ist es mittlerweile so: Handys müssen in der Schule abgeschaltet werden. Vielleicht kann man sie dann auch mal gezielt einschalten? Fast alle Schüler verfügen heute über Geräte mit integriertem Fotoapparat, sodass eine spontane Nutzung dieser Funktion, ob in der Schule, zu Hause oder unterwegs, leicht möglich ist. Denken Sie an die Chance der Illustrierung bzw. Deutung literarischer Texte durch Fotos oder an die Herstellung einer Werbeanzeige mit einem integrierten Bild. Auch die Einstellungsgrößen der Filmkamera (Panorama, Totale, Halbtotale …) lassen sich gut einüben, indem für jede Variante ein Belegbild zur Unterscheidung geschossen wird. Sicher fallen Ihnen weitere Anwendungsmöglichkeiten ein. Spannend ist es weiterhin, aus einer Anzahl getätigter Fotos eine Auswahl zu treffen und diese Auswahl begründen zu lassen. Das stellt Deutungsarbeit dar: Welches sind die geeignetsten Bilder zur Charakterisierung einer Figur, zur Darstellung eines Produkts, zum Ausdruck einer Stimmung, zum Ausgang eines Romans?

Illustrierung und Deutung literarischer Texte

Viel Freude bereitet den Schülern auch die selbstständige Herstellung eines Fotoalbums zu einer Ganzschrift (Tipp 5, 58). Das könnte als Langzeithausaufgabe mit zusätzlichen Gestaltungsaufgaben hergestellt werden. Dabei ist es möglich, einen gemeinsam gelesenen Text zugrunde zu legen, aber auch eine Auswahl aus mehreren Romanen ist denkbar. Für eine solch ausführliche Ausarbeitung, die viel Kreativität erfordert, möchten die Schüler eine Note haben. Warum nicht …?

› Tipp 5, 58

Fotoalbum zu einem literarischen Text

Gleich mal ausprobieren

Die Aufgabenstellung mit Arbeitshinweisen sieht dann vielleicht so aus, wenn der Text noch nicht besprochen wurde:

Gestalte ein Fotoalbum zu einem Roman aus unserer Auswahlliste. Mit dem Album sollst du zeigen, wie du den Roman auffasst bzw. was er bei dir auslöst.
Hinweise:

- Es sollen ca. 10 bis 15 Fotos mit dazu passenden Textstellen aus dem gewählten Roman kombiniert werden.
- Die Fotos sollen dein Verständnis bestimmter Textstellen deutlich werden lassen.
- Fotos und Textstellen werden in einem Album präsentiert. Das Verhältnis Foto/Text oder auch Foto/Foto ist ebenfalls ein Gestaltungselement.
- Das Album kann zum Beispiel aus Tonpapier hergestellt werden. Es darf kein „fertiges“ leeres Album gekauft werden. Bitte wähle das Format bewusst aus.
- Es können Schwarz-Weiß- oder Farbfotos (auch in Kombination) eingefügt werden.
- Wähle für die Textzitate eine dir passende Schriftart bzw. auch entsprechende Schriftgröße(n). Der Text kann elektronisch oder auch handschriftlich verarbeitet werden.
- Bei der Gesamtdarbietung des Fotoalbums sind keine Grenzen gesetzt. Es darf also gerne eine Art „Gesamtkunstwerk“ – unter Verwendung verschiedener Materialien – entstehen.
- Achte darauf, das Album trotzdem nicht zu überfrachten: Überlege dir ein durchgängiges Gestaltungsprinzip.

Tipps fürs Fotografieren

- Personen solltest du nicht nur in ihrer ganzen Größe, sondern auch in Ausschnitten fotografieren, zum Beispiel „formatfüllend“ nur das Gesicht.
- Wenn du den Blick einer Person in eine bestimmte Richtung fotografierst, wähle eine Profilansicht. Dabei sollte der Hinterkopf am Bildrand liegen (oder angeschnitten sein), die Seite mit dem Blick sollte einen Teil des Hintergrunds zeigen.

- Orientiere dich bei der Einstellung der Bildschärfe an den Augen.
- Landschaften werden so fotografiert, dass sie auf dem Bild „gedrittelt" erscheinen, zum Beispiel „Strand – Meer – Himmel".
- Überlege dir deine eigene Position zum Objekt. Fotografiere auch mal von unten nach oben oder von oben nach unten.
- Suche immer nach Kontrasten: hell/dunkel, warm/kalt, groß/klein, komplementäre Farben (z. B. Blau/Orange).
- Die Tageszeit hat Einfluss auf die Bildfarbe. Das kannst du in einem einfachen Bildverarbeitungsprogramm über „Farbton" und „Sättigung" verändern.
- Wenn du Schwarz-Weiß-Aufnahmen haben möchtest, kannst du von vornherein die Funktion „Monochrom" einstellen.

Im Netz ... gezielt fischen

82

Suchen, finden, verarbeiten

Im Internet findet man immer etwas, meist zu viel und nicht ganz das Passende. Also was tun? Erst einmal alles „runterladen", damit nichts verloren geht. Aber in diesem Moment verliert „es" sich schon. Das weite Feld des Suchens, Findens und Verarbeitens von Informationen ist viel diskutiert und in seiner Problematik schon ausgeleuchtet. Hier kurz und knapp ein paar wichtige Hinweise zur Internetnutzung in Ihrem bzw. für Ihren Deutschunterricht:

- Nutzen Sie gemeinsam mit den Schülern die Computerräume an Ihrer Schule (Tipp 80) und geben Sie Ihre eigenen Erfahrungen weiter.

› Tipp 80

- Machen Sie Schüler mit nützlichen Internetadressen bekannt, die schon länger bestehen, wie zum Beispiel *www.gutenberg.de* (Textarchiv, zitierbar).
- Erproben Sie die Datenbanken der regionalen Bibliotheken, damit die Schüler sie kennen und nutzen.

- Machen Sie auf kostenlose Online-Nachschlagewerke aufmerksam, beispielsweise das „Digitale Wörterbuch der deutschen Sprache" (*www.dwds.de*).
- Lassen Sie Schüler der Klassen 5 und 6 nicht ohne Vorgaben suchen, sondern forschen Sie mit ihnen nach konkreten Internetadressen und sichten Sie gemeinsam, was man da alles finden kann.
- Geben Sie Tipps zur gezielten Eingabe von Stichwörtern und Suchanfragen.

Umgang mit gefundenem Material

Bewegen Sie sich im Unterricht ausschließlich auf Seiten, die das Downloaden gestatten, und weisen Sie Ihre Schüler darauf hin, dass man nicht einfach alles, was man findet, herunterladen darf. Werben Sie gleichzeitig für gezieltes und sparsames Downloaden, damit das Material tatsächlich auch noch weiter gesichtet werden kann.

- Üben Sie besonders das Archivieren von gefundenem Material. Lassen Sie heruntergeladene Texte in aussagekräftig benannten Dateien speichern und mit Quellenangaben versehen, damit die Informationen später sachgerecht weiterverwendet werden können.
- Thematisieren Sie auch das Löschen von nicht genutzten Materialsammlungen nach einer gewissen Zeit der Aufbewahrung (Ordnerinventur!).
- Besuchen Sie die Webseiten von lebenden Autoren, die ihre Texte auch online veröffentlichen und medial attraktiv aufbereiten, wie zum Beispiel der Lyriker und Dramatiker Albert Ostermaier (*www.albert-ostermaier.com*).

83 Nach Weimar fahren

„Wenn es in Thüringen mal raucht,
wird nicht die Feuerwehr gebraucht.
Es liegt die Bratwurst auf der Glut
und ihr Geruch ist fein und gut."
(unbekannter Verfasser)

Schon Goethe wird sich wohl ab und an eine Thüringer Rostbratwurst genehmigt haben, denn zu seiner Zeit gab es die schon. Das älteste bekannte Rezept im Weimarer Staatsarchiv ist aus dem Jahr 1613. (Natürlich fahren Sie nicht wegen der Bratwurst nach Weimar, aber wenn Sie einmal in Weimar sind, sollten Sie auch eine probieren!)
Warum nach Weimar fahren? Und mit wem? Eine solche Reise eignet sich für Kurse der Oberstufe, aber auch eine interessierte 10. Klasse findet dort viel Sehenswertes. Ein Auszug aus einem möglichen Infobrief an Schüler und Eltern gibt näher Auskunft:

Informationsbrief an Schüler und Eltern

Liebe Schülerinnen, Schüler und Eltern!

Ermutigt durch die guten Erfahrungen der letzten Jahre wollen wir dieses Jahr wieder eine „Klassikerfahrt" nach Weimar durchführen. Die Wirkungsstätte von Goethe, Schiller, Herder, Nietzsche, Liszt und vielen anderen Persönlichkeiten, z.B. den Vertretern des „Bauhaus", unmittelbar zu erleben, ist eine besondere Chance. Es geht also um eine kleine Studienfahrt nach Thüringen.
Die literarisch zugehörigen Epochen „Sturm und Drang" und „Klassik" werden im Unterricht behandelt. Somit stellt die Fahrt „Anschauungsunterricht" dar.
Auch ein Besuch der KZ-Gedenkstätte Buchenwald, dem dunkelsten Kontrast zu den Idealen der Klassiker, ist eingeplant.
Wir sind untergebracht ...

Weimar bietet auf engem Raum sehr viel. Der Auszug aus dem Brief deutet es an. Es kann vor allem nacherlebt werden, wie es zur Zeit der Regentschaft des aufgeklärten Herzogs Carl August zu einer klassischen Periode im kleinen Fürstentum Weimar kommen konnte. Bei einem Besuch der Gedenkstätte Buchenwald, die sich auf dem Ettersberg in unmittelbarer Nähe zur kulturell herausragenden Stadt Weimar befindet, werden die Schüler mit der dunklen Seite der Geschichte dieser Stadt konfrontiert. Mit diesem Kont-

Ambivalenz der Stadt

rast lässt sich die Exkursion in brisanter Weise didaktisieren.

Basisprogramm

Als Basisprogramm sollten Sie eine literarische Stadtführung buchen. Diese dauert etwa zwei Stunden und dient auch als Orientierung im Hinblick auf weitere Programmpunkte. Ein Besuch im Goethe-Wohnhaus sollte keinesfalls fehlen. Das angegliederte Goethe-Archiv kann ausgespart werden, wenn Sie nicht gerade mit einem besonders interessierten Deutsch-Leistungskurs unterwegs sind. Spazieren Sie mit Ihren Schülern durch den Park an der Ilm und rezitieren Sie einige mitgebrachte Gedichte! In diesem Ambiente könnten auch Kurzreferate durch die Schüler gehalten werden.

Vorbereitung der Exkursion

Beziehen Sie die Schüler in die Vorbereitung mit ein und gestatten Sie ihnen vor Ort (in Teilgruppen) auch den Besuch selbst gewählter Einrichtungen: Schiller-Wohnhaus, Anna-Amalia-Bibliothek, Goethes Gartenhaus, Liszt-Haus, Herder-Kirche mit Cranach-Altarbild, Bauhaus-Museum etc. Zu diesen „potenziellen Programmpunkten" sind Recherchen im Rahmen der Vorbereitung durch die Schüler selbst zu empfehlen. Das stärkt auch die Vorfreude auf die Reise nach Weimar.

SOS-Tipp

Die vier Weimarer Jugendherbergen sind lange im Voraus ausgebucht. Sollten Sie keine Unterkünfte mehr in Weimar bekommen, können Sie nach Erfurt und Jena ausweichen. Beide Städte sind von Weimar aus in nur 15 Minuten mit der Bahn zu erreichen.

84 Durch Schreiben fördern

Eine gute Nachricht! Schreiben an sich ist ein differenzierender Prozess. Anders gesagt: Da jeder Schüler nach seinen Möglichkeiten schreibt, findet beim Schreiben, in welcher Form auch immer es geschieht, grundsätzlich eine individuelle Förderung statt. Der gedankliche und schriftliche

Entwurf einer Handlung oder eines Textkonzepts sowie die Umsetzung auf schriftsprachlicher Ebene inklusive aller notwendigen sinnkonstituierenden Verknüpfungen stellen einen individuellen Lernprozess dar. Es ist also nicht immer notwendig, unterschiedliche Aufgabenstellungen anzubieten. Es kommt auf die nach den eigenen Möglichkeiten gestaltete Ausführung an. Das darf den Deutschlehrer kurz beruhigen, wenngleich dann natürlich darauf zu achten ist, dass – im Blick auf den einzelnen Schüler – das persönliche Potenzial auch abgerufen wird.

Achtung!

Schüler geben sich manchmal zu schnell zufrieden mit dem, was sie zu Papier gebracht haben. Fordern Sie Überarbeitungen, Ergänzungen oder völlig neue Versionen ein (Tipp 45).

› Tipp 45

Lesen fördern

85

„Kleine" Übungen zur Leseförderung

Sie können auf vielfältige Übungsformen zur Leseförderung zurückgreifen und diese aktivierend anwenden. Es handelt sich dabei meist um sehr motivierende „kleine" Übungen, die den Schülern auch Spaß machen.

- Erlauben Sie ausnahmsweise das Kaugummikauen oder lassen Sie die Schüler einen Stift zwischen die Zähne klemmen, damit sie bei stillen Leseübungen nicht mitsprechen.
- Fördern Sie konzentriertes Lesen (sog. Blitzlesen) durch sehr kurzes Zeigen von Wörtern oder Wortgruppen; Sie können das durch Auf- und Abdecken am Tageslichtprojektor oder am Smartboard tun.
- Streuen Sie eine kleine Menge Konfetti auf einen projizierten Text, sodass Teile von Wörtern abgedeckt sind. Die Schüler werden sie trotzdem lesen können und Lesesicherheit gewinnen.

› Tipp 54

- Arbeiten Sie mit Markierungen zur Gewährleistung eines bewussten, betonten Lesens bzw. Vortragens (Tipp 54).
- Schulen Sie das Auffinden zentraler Begriffe, indem Sie in einem Text entweder bestimmte Wörter oder verschiedene Wörter zu einem Oberbegriff suchen lassen.
- Integrieren Sie immer wieder Übungen zur Förderung der Konzentration in Ihre Unterrichts- oder Förderstunden und positionieren Sie diese an den Stundenanfang oder vor die Lesephase.

Eine praxisorientierte Unterstützung zum Lesetraining (PL Rheinland-Pfalz 2013) finden Sie auf dem Bildungsserver von Rheinland-Pfalz zum kostenlosen Download (*http://bildung-rp.de/unterricht/materialien.html*).

Immer wieder mündlich erzählen

86

› Tipp 21

Das Erzählen soll gerade im Deutschunterricht nicht zu kurz kommen (Tipp 21). Aber: Gut zu erzählen will geübt sein! Mancher Lehrer (oder Schüler) hört sich selbst gerne reden; er erzählt zu häufig, zu lang und ohne Strategie. Dabei merkt er nicht, dass seine (Mit-)Schüler ihm kaum noch zuhören wollen.

Achtung!

Geben Sie den Schülern durch eigenes Erzählen sprachliche und parasprachliche Strategien an die Hand.

Gleich mal ausprobieren

In welcher Stunde können Sie diese Woche eine Erzählsequenz einbauen? Berücksichtigen Sie folgende Aspekte:

- Rahmen: Ihre Erzählung braucht eine Begrenzung, damit nicht ziellos geredet wird: zum Beispiel Bezug auf einen Ort, eine sonderbare Verhaltensweise, eine glückliche Wendung; wichtig: Bis „wohin“ erzähle ich (Schlusspunkt)?

- Atmosphäre des Erzählens: in die Situation hineinführen, Bilder evozieren, Geräusche und Gerüche beschreiben, Sinnliches jeglicher Ausprägung berücksichtigen
- Ausgestaltung: Wesentliches deutlich umreißen, mehrperspektivisch beleuchten, Konsequenzen aufzeigen
- Parasprachliches: Mimik und Gestik dem Erzählprozess anpassen, Anschauungsmaterial einbeziehen
- Zuhörer beteiligen: Geschehnisse antizipieren lassen (muss nicht zwingend ausgesprochen werden)
- Verstehensebene: Lebenswelt und Sprachniveau der Schüler berücksichtigen

Rechtschreibung differenziert üben

87

Fördermaßnahmen

Es gibt reichhaltig Material für spezifische Übungen zum richtigen Schreiben. Dazu gehören die Zusatzmaterialien der eingeführten Lehrwerke wie auch Arbeitshefte, die nach Rechtschreibschwerpunkt, Jahrgang und Schwierigkeitsgrad geordnet sind.

- Stellen Sie den Schülern individuelle Aufgabenpakete zusammen.
- Streichen Sie die Fehler an, überlassen Sie aber die Klassifizierung den Schülern (Tipp 13).
- Arbeiten Sie insbesondere mit Lückendiktaten, die eine unterschiedlich hohe Anzahl an Lücken für bestimmte Lernwörter oder die anderen Bereiche des richtigen Schreibens beinhalten.
- Empfehlen Sie den Schülern, mit Diktaten auf Tonträgern (CD, MP3-Player) zu arbeiten. Diese können sie individuell stoppen und weiterlaufen lassen, sodass sie stressfrei – in ihrem eigenen Tempo – schreiben können, gerade auch zu Hause.
- Beziehen Sie gegebenenfalls weiterführende Maßnahmen in die Bewertung mit ein: richtiges Nachschlagen, sorgfältiges Verbessern, Anführen von möglichen Schreibvarianten.

› Tipp 13

- Trainieren Sie konsequent die Anwendung der Rechtschreibstrategien (Tipp 14), indem sie auch Begründungen für deren Auswahl zur Rechtschreibklärung bei einzelnen Wörtern einfordern. Greifen Sie beim Üben der Strategien auch auf enge Aufgabenformate zu (Tipp 9).
- Üben Sie an bekannten und unbekannten Texten (Tipp 16), um einerseits immer wieder Erfolge beim richtigen Schreiben erfahrbar zu machen und um andererseits neue Herausforderungen zu setzen.

› Tipp 14
› Tipp 9
› Tipp 16

Förderkurse einrichten

88

Das Förderkursangebot ist je nach Schule, Schulart und Jahrgangsstufe unterschiedlich. Das Problem, dass insgesamt Lehrerstunden für Förderunterricht fehlen, weil zuerst der reguläre Unterricht abgedeckt werden muss, gibt es wohl überall. Achten Sie mit darauf, dass an Ihrer Schule an die Einrichtung von Förderunterricht gedacht wird. Mischen Sie sich da ruhig in die interne „Schulpolitik" ein! Manche Kollegen haben eine Reststunde in ihrem Deputat und leisten diese gerne im Rahmen einer Förder-Arbeitsgemeinschaft ab. Bringen Sie diese Idee aktiv ins Spiel. Achten Sie darauf, dass die Förderunterricht-Gruppen klein bleiben, damit wirklich eine individuelle Beratung und Übung stattfinden kann. Da sind sechs bis acht Schüler schon viel.

Achtung!

Es gibt Eltern, die ihre Kinder unbedingt in solchen Kursen unterbringen wollen, auch wenn das in ihrem Fall vergleichsweise wenig dringend ist. Sprechen Sie einheitliche Lösungen in der Fachkonferenz ab (Tipp 6), damit Sie gut argumentieren können.

› Tipp 6

Mit den Eltern kooperieren

89

Für den Lehrer ist es zunächst einmal erfreulich, wenn die Schülereltern sich für die Schule und für die schulischen Leistungen ihrer Kinder interessieren. Dieses Interesse führt allerdings manchmal dazu, dass die Eltern auch Maßnahmen von Lehrern hinterfragen und Kritik äußern. Lassen Sie sich in einer solchen Situation nicht aus der Ruhe bringen und versuchen Sie, sich nicht persönlich angegriffen zu fühlen. Trennen Sie die unterschiedlichen Rollen in Bezug auf die Kinder: Sie sind als Lehrer der Experte in schulpädagogischer und fachlicher Hinsicht. Die Eltern sind auf andere Art Experten für ihr Kind. Das soll sich nicht gegenseitig behindern. Die Zuständigkeiten sind klar, teilen Sie sich dementsprechend die Aufgaben. Nehmen Sie die Elternarbeit ernst und beziehen Sie die Eltern als Partner ins Schulleben mit ein. Es kann nicht sein, dass die Eltern nur zum Kuchenbacken für das Schulfest angesprochen werden. Ganz wichtig: Informieren Sie die Eltern über den Leistungsstand ihrer Kinder und überlegen Sie konstruktiv, was gegebenenfalls an außerschulischer Hilfe nötig ist (Tipp 19).

Rollen trennen

Eltern informieren

› Tipp 19

Präzise rückmelden

99

Bestimmt sind Sie nicht Lehrer geworden, weil Sie sich besondere Erfüllung durch Korrigieren und Bewerten von Klassenarbeiten versprochen haben. Und tatsächlich ist dieser Teil des Jobs eine Last, man darf es offen aussprechen – gerade Korrekturen in Deutsch sind zeitaufwendig. Natürlich gibt es beim Korrigieren auch erfreuliche Momente, allerdings liegt die Betonung auf „Momente“ … daher müssen Sie hier eine Routine entwickeln, die Ihnen noch Zeit lässt, um Unterricht vorbereiten zu können, was wiederum deutlich mehr Freude bereitet. Gleichzeitig brauchen die Schüler konkrete Rückmeldungen von Ihnen, damit sie ihre Note verstehen. Die Dokumentation Ihrer Bewertung muss geeignet sein, um daraus Verbesserungsmöglichkeiten abzuleiten.

› Tipp 96

› Tipp 91–95, 98

Nutzen Sie den Rand der Arbeiten für sprachliche und inhaltliche Anmerkungen (Tipp 96). Denken Sie aber auch an eine bilanzierende Beurteilung. Gängig sind sowohl der Verbalkommentar wie auch das Bewertungsraster (Tipp 91–95, 98). Verwenden Sie primär Bewertungsraster mit konkreten Kriterien, verbunden mit einem Punktsystem. Das ist zügig handhabbar und zeigt dem Schüler auf einen Blick, was gut gelungen ist und was nicht. Notieren Sie zusätzlich – falls erforderlich – einen oder zwei Sätze im Sinne einer spezifischen Rückmeldung. Meist will man noch etwas mitteilen, was sich durch das Raster nicht ausdrücken lässt, zum Beispiel individuelle sprachliche Auffälligkeiten.

Verbesserungsoption konkret benennen

Wenn Sie sich für eine ausformulierte Kommentierung der Klassenarbeit entscheiden, verfahren Sie möglichst konkret. Prüfen Sie Ihre Sätze daraufhin, ob es noch eine weitere Stufe der Konkretion geben kann, wie zum Beispiel in folgender Abstufung:

1. Deine Arbeit weist sprachliche Mängel auf.
2. Du solltest abwechslungsreicher schreiben.
3. Variiere bei den Satzanfängen.
4. Verwende nicht nur „dann“, sondern auch „später“, „danach“, „daraufhin“ etc.

Sie merken, dass dem Schüler erst mit der dritten oder gar vierten Formulierung wirklich geholfen ist.

SOS-Tipp

Seien Sie nicht frustriert, wenn Sie feststellen, dass bestimmte Schüler Fehler, die Sie schon mehrfach markiert haben, dennoch immer wieder machen. Diese Erfahrung teilen Sie mit allen Kollegen. Ziehen Sie daraus aber Konsequenzen für die zu leistende Verbesserung. Beschränken Sie diese notfalls auf die immer wieder auftauchenden Fehler, damit sich zunächst hier eine Veränderung einstellen kann (Tipp 18).

› Tipp 18

Achtung!

Berücksichtigen Sie bei der Bewertung von Einzelarbeiten den Prozesscharakter, in dem diese stehen (Tipp 99).

› Tipp 99

Erlebniserzählung bewerten

91

Das im Folgenden dargestellte Raster soll Ihnen helfen, eine Erlebniserzählung zu bewerten. Verwandte Aufsatzarten in den Klassen 5 und 6 sind beispielsweise das Erzählen nach Reizwörtern, die Ausgestaltung eines Erzählkerns, die Fantasieerzählung oder die Fortsetzung eines Erzählanfangs. Das Raster müsste für diese Aufsatzarten etwas angepasst werden. Die Punktevergabe in den einzelnen Zeilen gestalten Sie – auch bei den folgenden Tipps (Tipp 92–95) – entsprechend Ihren unterrichtlichen Schwerpunkten. Die Gesamtpunktzahl des Bereichs „Inhalt und Aufbau" sollte insgesamt deutlich mehr Punkte erbringen als der Bereich „Sprache und Form" (Verhältnis ca. zwei Drittel zu ein Drittel).

› Tipp 92–95

Bewertungsraster Erlebniserzählung

Inhalt und Aufbau	
Du wählst ein interessantes Erlebnis aus.	
Du konzentrierst dich auf dieses Erlebnis.	
Die gewählte Erzählperspektive hältst du ein.	
Die Gliederung ist erkennbar, auch an gesetzten Abschnitten (Einleitung, Hauptteil, Schluss).	
Das Erlebnis selbst entwickelst du gut (Zustandekommen, Ausgang, Folgen).	
Du setzt Handlungsschritte, die zu einem Höhepunkt führen.	

Der Höhepunkt ist lebendig gestaltet.	
Du schilderst Gefühle und Gedanken.	
An passenden Stellen verwendest du wörtliche Rede.	
Sprache und Form	
Dein Text ist grammatikalisch korrekt.	
Du drückst dich abwechslungsreich aus.	
Du findest treffende Prädikate.	
Du verwendest passende Zeitformen.	
Du verknüpfst deine Gedanken bzw. Sätze.	
Dein Text ist gut lesbar.	
evtl. Abzug (Rechtschreibung, Zeichensetzung):	–
Punkte insgesamt:	
Note:	

92 Vorgangsbeschreibung bewerten

Sie sehen hier das mögliche Raster für die Bewertung einer Vorgangsbeschreibung (z. B. eines Backrezepts oder einer Reparaturanleitung). Entsprechend sollten Sie das Raster etwas anpassen. Verwandte (weniger komplexe) Aufsatzarten in den Klassen 5 bis 7 sind beispielsweise die Gegenstands-, Tier-, Personen-, Weg-, Bild- oder Funktionsbeschreibung (Letztere ist der Vorgangsbeschreibung am ähnlichsten). Der Bericht in seinen unterschiedlichen Ausprägungen kann besonders wegen seines sachlichen Charakters und der notwendigen Genauigkeit der Darstellung mit einem ähnlichen Raster bewertet werden wie die Beschreibung.

Bewertungsraster Vorgangsbeschreibung

Inhalt und Aufbau	
Du führst die benötigten Materialien auf (Werkzeuge, Zutaten – je nach Thema).	
Du beschreibst den Vorgang in der richtigen Reihenfolge.	
Du gliederst den Text sichtbar in die entsprechenden Teilschritte.	
Du beschreibst den Vorgang sachlich richtig und vollständig.	
Du gehst auf mögliche Schwierigkeiten im Ablauf ein.	
Du berücksichtigst den Zweck der Teilabläufe.	
Du denkst an das Ende bzw. Ergebnis/Produkt des Vorgangs.	
Sprache und Form	
Dein Text ist grammatikalisch korrekt.	
Du drückst dich sachlich aus.	
Du findest treffende Substantive (Fachbegriffe) und Prädikate.	
Du verwendest durchgängig das Präsens.	
Du verknüpfst die Teilhandlungen bzw. Sätze geschickt.	
Dein Text ist gut lesbar.	
evtl. Abzug (Rechtschreibung, Zeichensetzung):	–
Punkte insgesamt:	
Note:	

Interpretationsaufsatz bewerten

93

Besonders ab Klasse 9 setzt das intensivere Deuten literarischer Texte auch in Klassenarbeiten ein. Je nach Lernfortschritt der Schüler werden einzelne Interpretationsfragen gestellt („Deute die Gestaltung des Schauplatzes.“) oder es wird ein globaler Arbeitsauftrag gegeben („Interpretiere das Gedicht.“). Insofern müsste das in diesem Tipp vorgestellte Raster entsprechend angepasst oder auch um Inhaltselemente ergänzt werden.

Bewertungsraster Interpretationsaufsatz

Inhalt und Aufbau	
Du gibst den Text inhaltlich richtig wieder.	
Du formulierst als Basis eine Deutungshypothese und greifst sie später wieder auf.	
Du gehst auf zentrale Textstellen/Bilder ein und deutest sie nachvollziehbar aus.	
Du berücksichtigst Mehrdeutigkeit und Intertextualität.	
Du belegst deine Aussagen am Text.	
Du wendest Kategorien der Textanalyse sicher an.	
Deine Ausführungen sind aufeinander bezogen und nicht einfach nur aneinandergereiht.	
Du fasst deine Ergebnisse zusammen und kommst zu einer abgesicherten Deutung.	
Sprache und Form	
Dein Text ist grammatikalisch korrekt.	
Du drückst dich treffend und gleichzeitig variantenreich aus.	
Du beherrschst den Fachwortschatz zur Textanalyse.	

Du kannst korrekt zitieren.	
Du bleibst konsequent in der Zeitstufe Präsens.	
Dein Text ist gut lesbar.	
evtl. Abzug (Rechtschreibung, Zeichensetzung):	–
Punkte insgesamt:	
Note:	

Erörterung bewerten

94

Erörterndes Schreiben wird als kompletter Aufsatz vorwiegend in den Klassen 9 und 10 und entweder als lineare (steigernde) oder als dialektische (pro/kontra) Erörterung eingeübt (Tipp 29). Hierbei spielt jeweils die Erstellung einer durchdachten Gliederung eine besondere Rolle. Meist werden kontroverse aktuelle Fragen zugrunde gelegt. In der gymnasialen Oberstufe wird das Erörtern auch anhand literarischer Texte weitergeführt. Das hier gegebene Raster bezieht sich primär auf die Arbeit in Klasse 9/10. Für die literarische Erörterung in der Oberstufe müsste man – je nach Thema – inhaltliche Erwartungen ergänzen.

› Tipp 29

Bewertungsraster Erörterung

Inhalt und Aufbau	
Du findest zahlreiche brauchbare Argumente.	
Du bündelst die Argumente geschickt in einer logisch aufgebauten Gliederung.	
Du gliederst deine Erörterung in Einleitung, Hauptteil und Schluss.	

In deiner Einleitung führst du geschickt zur Fragestellung hin.	
Im Hauptteil gelingt es dir, deine Argumente gut zu begründen und mit Beispielen zu veranschaulichen.	
Du berücksichtigst verschiedene Perspektiven.	
Du kommst am Schluss zu einer überzeugend begründeten eigenen Position.	
Du denkst an das Ende bzw. Ergebnis/Produkt des Vorgangs.	
Sprache und Form	
Dein Text ist grammatikalisch korrekt.	
Du drückst dich sachlich und anschaulich zugleich aus.	
Du findest treffende Begriffe.	
Du verknüpfst die Argumente geschickt durch variable Überleitungen.	
Du verwendest die passenden Zeitformen: vor allem Präsens, stellenweise im Konjunktiv.	
Dein Text ist gut lesbar.	
evtl. Abzug (Rechtschreibung, Zeichensetzung):	–
Punkte insgesamt:	
Note:	

Gestaltende Texte bewerten

95

› Tipp 36

Beim gestaltenden Interpretieren, vorwiegend ab Klasse 8, kommen meist produktionsorientierte Verfahren (Tipp 36) zum Zug. Manchmal werden gestaltende mit analytischen

Aufgaben verknüpft. Das sollten Sie allerdings genau prüfen. Wenn Sie den Wert der gestaltenden Aufgabe ernst nehmen, brauchen Sie die Textanalyse häufig nicht (Ergebnisdoppelung). Sinnvoller ist es, die Schüler ihre Gestaltung in einer anschließenden Aufgabe reflektieren zu lassen.

Bewertungsraster gestaltende Interpretation

Inhalt und Aufbau	
Du zeigst, dass du die Textvorlage differenziert verstehst.	
Du leitest selbstständig Gestaltungsideen aus der Vorlage ab.	
Du nutzt das vorgegebene literarische Muster und vorhandene Motive.	
Du bietest gute und passende Einfälle bzw. Überraschungsmomente.	
Du setzt die Anforderungen an die geforderte Textsorte adäquat um / wirst dem gegebenen kommunikativen Anlass gerecht (je nach Aufgabe)	
Dein Text ist gut strukturiert.	
Deine Reflexion ist nachvollziehbar und bringt deine Gestaltungsideen begründet auf den Punkt.	
Sprache und Form	
Dein Text ist grammatikalisch korrekt.	
Du drückst dich angemessen/kreativ aus (je nach Aufgabe).	
Dein Text ist gut lesbar.	
evtl. Abzug (Rechtschreibung, Zeichensetzung):	–
Punkte insgesamt:	
Note:	

Klare Korrekturzeichen verwenden

96

Die folgenden Abkürzungen haben sich in der Praxis bewährt. Erklären Sie Ihren Schülern die Zeichen, wenn Sie sie in einer neu übernommenen Klasse erstmalig verwenden.

Korrekturzeichen

Bereich Sprachrichtigkeit	
R	Rechtschreibfehler
Z	Zeichensetzungsfehler
Tr	Trennungsfehler
Bereich Grammatik	
Gr	Grammatikfehler (meist genauer spezifizierbar)
Sb	Satzbaufehler
Konstr	Satzkonstruktion zu kompliziert
nS	hier neuen Satz beginnen
Präp	falsche Präposition
T	Tempus-/Zeitfehler
Bereich Ausdrucksvermögen	
A	nicht treffend oder falsch ausgedrückt
Ww	ungünstige Wortwahl, falscher Begriff
Stil	umständlich, altertümlich, uneinheitlich etc.
ugs	umgangssprachlich
Wh	Wiederholung vermeiden
tP	treffendes Prädikat verwenden

Bereich Inhalt und seine Präsentation	
f	sachlich falsch
?	unklar
!	Zustimmung
Bzg	Bezug fehlt/unklar (zu wem/wozu gehört das?)
Zshg	Zusammenhang unklar oder nicht dargestellt

Achtung!

Die Verbesserung einer Klassenarbeit bzw. Klausur kann gerade dann Sinn machen, wenn Sie nicht immer alle Fehler klassifizieren. Beschränken Sie sich auch einmal auf das reine Anstreichen der Fehler und lassen Sie die Schüler zuerst in Einzel-, dann in Gruppenarbeit die Mängel ihrer Arbeit selbst spezifizieren.

Lektürekontrolltest konzipieren

97

„Ihr wisst ja, bis nächsten Dienstag muss das Schauspiel gelesen sein.“ – „Soll das heißen, dass wir darüber einen Test schreiben?“ – „Das habe ich nicht gesagt, aber die Gefahr besteht natürlich schon.“
Gefahr? Oder Chance? Ein solcher Test kann ja eigentlich nicht schwierig sein. Macht eine Überprüfung dieser Art Sinn und was kann dabei überhaupt abgefragt werden? Es ist sicher günstig, wenn die Schüler mit dem Test rechnen und – zusätzlich zu ihrer Lust am Lesen (immer positiv denken!) – den Anreiz verspüren, eine gute Note zu „erwirtschaften“. Besonders wichtig ist aber, dass die gemeinsame Besprechung der Ganzschrift (Tipp 5, 58) auf solider Textkenntnis möglichst vieler Schüler basiert. Vielleicht finden

› Tipp 5, 58

Sie es schade, die Behandlung eines Textes nicht mit dem Wirkungsgespräch (Tipp 32), sondern einer benoteten Überprüfung zu beginnen, die ja auch nicht wirklich viel fordern kann. Aber das Wirkungsgespräch fällt deshalb nicht aus, sondern wird nur verschoben.

› Tipp 32

Was kann der Test fordern?

Was kann nun der Lektüretest fordern? Erstens eine Kontrolle, dass der Text rechtzeitig und vollständig gelesen wurde, zweitens eine Aussage darüber, ob der Text auch gründlich gelesen wurde. Was kann er nicht fordern? Eine Deutung des noch nicht besprochenen Textes sowie die Kenntnis von Details, die man sich nicht merken kann. Die Konzeption fordert also etwas Fingerspitzengefühl. Die Schüler sollen nicht hereingelegt werden, gleichzeitig muss ausgeschlossen werden, dass sie allein auf der Basis einer gelesenen Inhaltsangabe aus einer Lektürehilfe den Test lösen können. Als Aufgabenstellungen sind geeignet:

- Einordnung von Textstellen in einen inhaltlichen Zusammenhang bzw. die nähere Erläuterung von Textstellen, die als Zitate vorgegeben werden
- Bezug auf auffällige Aktionen, Handlungen oder Aussagen von Figuren, die zwar in einer Zusammenfassung keine Relevanz haben, die aber beim Lesen aus irgendwelchen Gründen auffallen
- Fragen zu einer Nebenfigur, die in Zusammenfassungen wenig oder gar nicht berücksichtigt wird

SOS-Tipp

Es gibt immer Schüler, die bei unerwarteten Tests lautstark meckern und Sie in ein Gespräch verwickeln oder gar in Rechtfertigungszwang bringen wollen („Das ist ungerecht.“, „Worüber wollen Sie eigentlich schreiben?“, „Können wir nicht morgen schreiben?“). Lassen Sie sich nicht darauf ein und reagieren Sie auch nicht gereizt. Sehen Sie zu, dass Sie zu einer raschen Durchführung des Tests kommen. Beschränken Sie sich in dieser Phase auf rein organisatorische Hinweise. Öffentlich gestellte inhaltliche Nachfragen verraten mitunter Teile der Antwort.

Referat und Präsentation bewerten

Das Raster eignet sich als präzise Rückmeldung für Referate ab Klasse 10 und in der Oberstufe. Für die Klassen 5 bis 9 müssten Sie die Ansprüche etwas reduzieren, zumindest in den Bereichen „Schwerpunktsetzung“ sowie „eigenständige Kommentierung“. Die Punkteverteilung ist natürlich als Vorschlag zu betrachten, wenngleich der Fokus auf dem Inhalt liegen sollte. Das Raster ist so angelegt, dass auch die Zuhörer etwas „mitnehmen“, sofern das Referat ausreichend gut vorbereitet und gehalten wird.
Bei Präsentationen, die aus dem Unterrichtsgeschehen erwachsen, entfällt vorwiegend die Literaturrecherche.

Bewertungskriterien Referat und Präsentation

Bewertungskriterien	Punkte
Gliederung (logisch, gehaltvoll, auch vorgetragen) Quellenangaben (Fachliteratur und -medien)	3
Inhalt, Sachkenntnis, Gründlichkeit der Ausarbeitung, Richtigkeit	8
Schwerpunktsetzung, Verdeutlichung von Sachverhalten, Begriffsklärungen	4
eigenständige Kommentierung bzw. Beurteilung des Themas und seiner Teilaspekte	3
freier, verständlicher Vortrag, sprachlicher Ausdruck (Lautstärke, Tempo, Betonung)	5
Medieneinsatz (geeignete elektronische Veranschaulichung, Tafelskizze, Folie oder anderes Begleitmaterial)	4
Einbeziehen der Mitschüler (Fragen, Gespräch) oder weitere (kreative) Ideen	3
Gesamtpunktzahl	30

30–27 = 1; 26–23 = 2; 22–19 = 3; 18–14 = 4; 13–9 = 5; 8–0 = 6

Achtung!

- Vermeiden Sie „Gefälligkeitsreferate“ zur Verbesserung der Note kurz vor der Zeugnisausgabe.
- Verzichten Sie auf nicht enden wollende Referatserien.
- Bieten Sie über das Schuljahr verteilt immer wieder Referate an, passend zu den Themen, die Sie behandeln.
- Legen Sie das Bewertungsraster vorher offen oder erarbeiten Sie es im Unterricht. Wenn die Schüler sich daran orientieren, werden erfahrungsgemäß recht gute Referate gehalten.
- Thematisieren Sie die Bewertung immer wieder öffentlich, zumindest in Form einer Feedbackkultur.

Zunehmend Prozesse bewerten

99

Die Bewertung von Schülerleistungen sollte sich zunehmend am prozesshaft angelegten Unterricht orientieren. Wenn wir Schüler in ihrer persönlichen Lernentwicklung ernst nehmen, muss das Konsequenzen in beiden Feldern, der Gestaltung des Unterrichts wie auch in der Leistungsbewertung, nach sich ziehen. Einiges wird bereits vielerorts umgesetzt oder erprobt:

Portfolio

Das Portfolio als Dokumentation von Materialien, aber auch als Sammlung von eigenen Texten einschließlich Reflexionen des Schülers über seine Arbeitsprozesse sollte stärker in die Bewertung einbezogen werden, insbesondere die Teile, die zeigen, dass der Schüler einen Text mehrfach überarbeitet und optimiert hat (Erstfassung, Zweitfassung … Endfassung).

Prozesshafte Klassenarbeit?

Eine solche Bewertungsvariante könnte auch in eine Klassenarbeit einbezogen werden. Wenn die Vorschriften Ihres Bundeslandes das gestatten, könnten Sie eine Klassenarbeit überarbeiten lassen. Das müsste sinnvollerweise mit etwas zeitlichem Abstand erfolgen, entweder am selben Tag mit einigen Stunden dazwischen oder am nächsten Tag. Es geht hierbei nicht darum, dass Schüler in großem Stil noch inhaltlich Fehlendes dazuschreiben; vielmehr geht es um strukturelle, sprachliche und deutende Aspekte, die dann in einer anderen Farbe ergänzt werden, sodass die Überarbeitungskompetenz erkennbar wird. Diese in Klausuren anzuwenden kann als konsequente Weiterführung des redaktionellen Arbeitens im Unterricht (Tipp 45) betrachtet werden.

› Tipp 45

Klassenarbeitshefte verwenden

Lassen Sie Klassenarbeitshefte (statt Einzelbogen) führen, damit Veränderungen im Schreibprozess direkter einsehbar sind. Lassen Sie auch die Verbesserungen der Klassenarbeiten bzw. Klausuren in diese Hefte eintragen.

Nicht immer benoten

Eine Bewertung muss nicht immer durch eine Note erfolgen. Nicht jeder Schüler muss am Ende des Schuljahres die gleiche Anzahl an Noten haben und nicht jeder Schüler muss die gleichen Arten von Leistungen erbracht haben. Selbstverständlich gibt es verbindliche Standards und auch ein Gerechtigkeitsgefühl, dem entsprochen werden muss; daneben ist aber noch Raum für individuelle Einschätzung.

Individuelle Betreuung

Achten Sie darauf, bei aller notwendigen und sinnvollen Dokumentation, die schulischen Abläufe und auch den Umgang mit den Schülern nicht zu formalisieren. Suchen Sie immer wieder das persönliche Gespräch, loten Sie mit den Ihnen anvertrauten Kindern und Jugendlichen aus, woran es gerade „hängt", oder bestärken Sie Ihre Schüler. Das bewirkt manchmal sehr viel.

Achtung!

Denken Sie daran, Ihren eigenen Unterricht immer wieder zu reflektieren und mit den Schülern gemeinsam zu evaluieren. Auch das sind Prozesse, die nicht (nur) unbewusst ablaufen dürfen. Scheuen Sie die Rückmeldungen nicht. Es gibt nichts zu verlieren! Führen Sie anonyme schriftliche Befragungen durch, in denen nicht primär nach der Lehrperson gefragt, sondern nach konstruktiven Ideen für die Unterrichtsabläufe gesucht wird. Hospitieren Sie bei Kollegen und laden Sie diese auch zu sich ein. Denken Sie nicht, dass die anderen alles besser können. So ist es nicht.

Register

(Die Verweise beziehen sich auf die jeweiligen Tipp-Nummern.)

Arjouni, Jakob (1996): Magic Hoffmann. Zürich: Diogenes Verlag. S. 7.

Benn, Gottfried (1986): Reisen. In: Sämtliche Werke. Stuttgarter Ausgabe. In Verbindung mit Ilse Benn hrsg. v. Gerhard Schuster (Bände I–V) und Holger Hof (Bände VI+VII) Band I: Gedichte. Stuttgart: Klett-Cotta. S. 307.

Bürger, Gottfried August (1775): Der Bauer: An seinen Durchlauchtigen Tyrannen. In: Häntzschel Günter u. Hiltrud (Hrsg.): Sämtliche Werke. München, Wien: Carl Hanser Verlag 1987. S. 73.

Demirel, Molla (2001): Blatt für Blatt / Yaprak Yaprak Siir. Hückelhoven: Anadolu Verlag. S. 138 f.

Eichendorff, Joseph von (1837): Mondnacht. In: Gerhart Baumann (Hrsg.):Werke und Schriften. Band 2. Stuttgart: Cotta'sche Buchhandlung (o. J.). S. 306.

Franck, Julia (2000): Bauchlandung. Geschichten zum Anfassen. Köln: DuMont Verlag. S. 51.

Goethe, Johann Wolfgang von: Prometheus. In: Ernst Beutler u. a. (Hrsg.): Sämtliche Werke in 18 Bänden. Band 1. Zürich, München: Artemis/dtv 1977. S. 44.

Grimm, Gebrüder (1812): Die Sterntaler. In: Heinz Rölleke (Hrsg.): Kinder- und Hausmärchen. Band 2. Stuttgart: Reclam 1980. S. 269.

Herrig, Thomas u. Hörner, Siegfried (2012): Darstellendes Spiel und Theater. Paderborn: Schöningh.

Kirsch, Sarah (1999): Schöner See Wasseraug. In: Werke in 5 Bänden. Bd. I: Gedichte I. DVA. Stuttgart. S. 40 f.

Lösener, Hans (2012): Konzepte der Dramendidaktik. In: Günter Lange, Swantje Weinhold (Hrsg.): Grundlagen der Deutschdidaktik. Sprachdidaktik – Mediendidaktik – Literaturdidaktik. 5. Auflage. Baltmannsweiler: Schneider Verlag. S. 297–318.

Lurker, Manfred (1991): Wörterbuch der Symbolik. Stuttgart: Verlag Kröner.

Ortner, Hanspeter (2000): Schreiben und Denken. Tübingen: de Gruyter. S. 351 f.

Pädagogisches Landesinstitut Rheinland-Pfalz (Hrsg.) (2013): Lesefähigkeit trainieren. Bad Kreuznach.

Robinson, Francis Pleasant (1946): Effective Study. New York: Harper & Brothers.

Rosebrock, Cornelia (2011): Lesesozialisation und Leseförderung. In: Michael Kämper-van den Boogaart (Hrsg.): Deutsch Didaktik. Leitfaden für die Sekundarstufe I und II. 7. Auflage. Berlin: Cornelsen Scriptor. S. 163–183.

Schulz von Thun, Friedemann (1981): Miteinander reden 1. Hamburg: Rowohlt.

Steets, Angelika (2007): Schreiben. In: Gisela Beste (Hrsg.): Deutsch Methodik. Handbuch für die Sekundarstufe I und II. Berlin: Cornelsen Scriptor. S. 53–96.